役員のための
株主総会対策の
鉄則

重要
チェックポイント
66

弁護士
櫻井喜久司

清文社

はじめに

　株主総会は年々変化しています。私がはじめて株主総会指導を担当した頃の株主総会対策は、総会屋対策が主流でした。しかし、その後の総会屋活動の鎮静化に伴い、現在では一般株主対策を重視する姿勢が定着しています。また、近時の重要な法律改正（商法改正、会社法施行、金融商品取引法制定等）に伴う株主総会実務への影響等もあり、「開かれた総会」という言葉が広まり、近時の株主総会対策では、IR、SR、PR、レピュテーション向上等の観点が重視されるようになっています。しかし、一般株主対策やこれらの観点を重視しすぎるあまり、かえって議事運営にミスが生じたり議事が混乱しては本末転倒です。役員の皆様が忘れてはならないこと、それは株主総会を開催するのは株主総会の目的事項（報告事項、決議事項）を達成するためであること、特に、決議事項の適法な決議、つまり会社提案「議案の適法な可決」こそが株主総会の最重要課題であるということです。役員の皆様が株主総会当日の議事運営において判断に悩まれたとき、最後の拠り所とすべきなのは、まさにこのことなのです。

　本書は、「役員の皆様の株主総会対策に、すぐに役立つ」ことを第一に考えて執筆しました。この点において本書は、すでに刊行されている多数の株主総会対策関連の学術研究書、実務書等とは少々趣が異なります。もちろん、それらの文献は素晴らしいものばかりであり、株主総会運営の実態解明や学術的分析あるいは実務的ノウハウ等をマスターするには十分な内容です。私も多くのことを学ばせて頂き、重要な示唆を得ています。しかし、多忙な役員の皆様の株主総会直前対策用の題材としては、少々専門的にすぎるきらいがあるようです。

　そこで、役員の皆様の「株主総会の直前に要点が確認できるような」、「わかりやすくて、新任役員でも理解できるような」というニーズにお応えしようと思い、誠に僭越ながら、あえて本書を執筆した次第です。

　以上のようなことから、本書では「株主総会対策における鉄則」、つまり、主に総会当日の議事運営を中心とした株主総会対策の重要なポイントを、役員の皆様が短時間で確認できるよう平易かつ簡潔にまとめました。

具体的には、株主総会直前のチェックポイント(第1章)、Q&A役員の株主総会対策チェックポイント66（第2章）、議長の頻出セリフ集(第3章)、シナリオのサンプル(第4章)、回答のヒント(第5章)という章を設けるとともに、随所に挿入したワンポイントアドバイスでは実務上の対応策や参考データ等をピックアップして解説しています。全編をとおして、平易な表現、文章を心掛けるとともに、イラストや○×記号等を活用して、わかりやすくする工夫をしています。

　なお、本書の内容は、公開会社、大会社、取締役会設置会社、監査役設置会社、監査役会設置会社、会計監査人設置会社である会社を念頭に置いていますが、非公開会社や非大会社の株主総会対策にも十分対応可能なものになっています。

　また、役員の皆様の株主総会対策用の題材としてご利用頂くことを主眼としていますが、それだけにとどまらず新任役員の皆様にとっての株主総会対策の入門書として、また各種研修会のテキスト等としても十分お役に立つことができるものと確信しています。

　本書の執筆にあたっては、清文社編集第三部の折原容子氏に絶大なる励ましとご支援を頂きました。心から感謝し厚く御礼申し上げる次第です。

　　　平成23年2月

　　　　　　　　　　　　　　　　　　　　　　弁護士　櫻井喜久司

本書の利用上の注意

1 本書の狙い

　本書は、役員の皆様の株主総会直前対策のために、株主総会当日の議事運営対策をメインとする株主総会対策のエッセンスを短時間で確認することができるよう、重要なポイントを平易かつ簡潔にまとめたものです。

2 本書の特色（利用上の注意）

❶ 役員の皆様の株主総会直前対策用です！
・新任役員の皆様の入門書としても最適です。
・各種研修会のテキストにもご利用頂けます。

❷ 短時間で要点を確認することができます！
・通読は無用です。
・まず目次を見て、気になる部分をピックアップしてから本文をお読みください。
・順不同でどこからでもお読み頂けます。

❸ 読みやすさを工夫しました！
・平易な表現、文章を心掛けました。
・イラストや○×記号等を活用して、ポイントが一目瞭然となるようにしました。
・学問的な争点には深入りせず、実務上のノウハウを提示するように努めました。
・定説のない問題点については私見を述べた箇所もありますので、ご注意ください。

❹ **株主総会当日の議事運営対策に焦点を絞りました！**
・株主総会当日の議事運営対策(役員の質疑応答対策、議長の議事進行対策)に焦点を絞りました。
・株主総会準備段階の諸作業(招集通知等の株主総会用の資料の作成、法律的手続の履行等)については、株主総会当日の議事運営対策に必要と思われる事項は取り上げ、他は割愛しました。

❺ **公開会社・大会社の定時株主総会を念頭に置きました！**
・公開会社かつ大会社(つまり機関構成としては取締役会設置会社、監査役会設置会社、会計監査人設置会社である場合)を念頭に置いています。
・非公開会社や非大会社の株主総会対策としても、十分対応可能な内容です。
・臨時株主総会対策としても、十分対応可能な内容です。

3　本書の構成

　本書では、役員の皆様が株主総会直前対策として短時間で要点を確認することができるように、次のような構成になっています。
　第1章では、直前の最終チェックポイントをまとめました。株主総会前日に読み返して頂ければ幸いです。
　第2章では、役員の株主総会対策として重要なチェックポイントを66項目に集約してQ&Aの形で要点を解説しています。まず目次を見てから、気になるQをお読みください。どのQをお読み頂いても、その頁を読むだけで理解することができるように、他の頁への参照作業は極力少なくなるように努めました。そのため、同じ内容の記述が複数のAに重複して登場していますが、通読を前提としない読者の便宜を図るためですので、ご理解ご容赦ください。
　第3章では、議長の頻出セリフ集をまとめました。シナリオに盛り込むとか、別紙やカードで整理する等の方法で、議長が株主総会当日、臨機応変に活用することができるように工夫してください。
　第4章では、シナリオのサンプルを掲載しました。一括審議と個別審

議の2パターンを紹介していますので、各社の実状に応じてアレンジしてご利用ください。
　第5章には、回答のヒントをピックアップしました。想定問答集を作成する際のヒントに、そして、株主総会当日の役員の回答の際のヒントとしてご利用ください。
　また、随所にワンポイントアドバイスというコーナーを設けて、実務上の対応策やエピソード、さらに参考知識や参考データ等を解説していますのでご参考にしてください。

目次

はじめに
本書の利用上の注意

序章 今年の注目論点はこれだ！

1 役員報酬の個別開示………2
 1 昨年までの流れ………2
 2 有価証券報告書への開示と説明義務との関係………2
 3 対策………3

2 議決権行使結果の開示………4
 1 昨年までの流れ………3
 2 議決権行使結果の開示の程度………3
 3 対策………5

第1章 株主総会直前のチェックポイント

1 株主総会の最重要課題………8
 1 株主総会の最重要課題………8
 2 最近の株主総会の動向………8
 3 一般株主対策やIR活動等の重要性の程度………9

2 役員の心構え………10
 1 役員の心構えの核心………10
 2 議長の心構え………10
 3 回答担当役員の心構え………12
 4 回答担当でない役員の心構え………13

第2章 Q&A 役員の株主総会対策チェックポイント66

基礎知識の整理

 1 株主総会までのスケジュール（Q1～Q2参照）………16
 2 役員研修会（Q3～Q6参照）………16
 3 シナリオ（Q7～Q12参照）………17

4　想定問答集（Q13～Q14参照）………17
　　5　リハーサル（Q15～Q20参照）………18
　　6　役員の回答方法（Q21～Q40参照）………18
　　7　議長の議事進行（Q41～Q66参照）………19

Q&A

【準備段階 編】
株主総会までのスケジュール………20
- Q1　株主総会の準備はいつから始めればよいですか？………20
- Q2　準備段階では、役員と事務方との役割分担はどのようにすればよいですか？………24

役員研修会………26
- Q3　役員研修会は、実施しなくてもよいですか？………26
- Q4　役員研修会の講師は、誰が担当すべきですか？………28
- Q5　役員研修会の内容は、どのようなものにすべきですか？………30
- Q6　回答予定のない役員も、役員研修会に出席する必要がありますか？………32

シナリオ………34
- Q7　シナリオは、必ず作成しなければいけませんか？………34
- Q8　シナリオには、何をどの程度記載すべきですか？………36
- Q9　シナリオ作成上、書式等の形式面では何を注意すべきですか？………38
- Q10　株主総会の審議の進行方法には個別審議と一括審議の2つのスタイルがありますが、どちらを採用すべきですか？………40
- Q11　議長は、シナリオを一字一句暗記する必要がありますか？………42
- Q12　回答担当役員は、シナリオを事前に熟読する必要がありますか？………44

想定問答集………46
- Q13　想定問答集は、何問くらい作成しなければならないですか？………46
- Q14　回答担当役員は、想定問答集を全て暗記する必要がありますか？………48

リハーサル………50
- Q15　リハーサルは、実施しなくてもよいですか？………50
- Q16　リハーサルは、何回実施すべきですか？………52

- Q17　リハーサルに必ず出席しなくてはならないのは誰ですか？………54
- Q18　リハーサルの内容は、どのようなものにすべきですか？………56
- Q19　リハーサルで、入退場やお辞儀の仕方まで行う必要がありますか？………58
- Q20　役員はどのような心構えでリハーサルに臨めばよいですか？………60

【当日 編】
役員の回答方法………62
- Q21　役員が回答する際、回答の内容や回答の態度について特に注意すべき点は何ですか？………62
- Q22　株主の質問には、必ず全て回答しなければいけませんか？………64
- Q23　報告事項に関する質問に対して、回答する義務はありますか？………66
- Q24　決議事項に関する質問に対して、回答する義務はありますか？………68
- Q25　説明義務が免除されることはありますか？………70
- Q26　議題に無関係な質問には、回答しないでもよいですか？………72
- Q27　企業秘密に関する質問には、回答しないでもよいですか？………74
- Q28　インサイダー情報に関する質問には、回答しないでもよいですか？………76
- Q29　調査が必要な事項を聞かれたら、どうすればよいですか？………78
- Q30　法律に関する詳細な解釈論を質問されたら、どう回答すればよいですか？………80
- Q31　株主から「今後の業績向上を約束せよ」と言われたら、どうすればよいですか？………82
- Q32　想定問答集に書いていないことを聞かれたら、どうすればよいですか？………84
- Q33　想定問答集にはないが熟知している事柄は、回答してよいですか？………86
- Q34　まったくわからない質問に対しては、どのように回答すべきですか？………88
- Q35　株主が納得しない場合、納得するまで説明する必要がありますか？………90
- Q36　自分が回答しない間は、どのような態度でいたらよいですか？………92
- Q37　監査役には説明する義務がありますか？………94
- Q38　議長に事故があったら、どうしたらよいですか？………96
- Q39　事前質問があった場合、どのように対応すべきですか？………98
- Q40　株主が同じ質問を長時間繰り返したら、どうすればよいですか？………100

議長の議事進行………102
- Q41　株主総会における議長の役割は何ですか？………102

- Q42 円滑公正な議事運営の確保のために、議長がとるべき具体的な方針は何ですか？………104
- Q43 議長がシナリオを読み飛ばした場合、どうしたらよいですか？………106
- Q44 取締役が欠席した場合、どうしたらよいですか？………108
- Q45 議長が当日欠席した場合、どうしたらよいですか？………110
- Q46 株主総会の冒頭で、株主から発言があったらどうすればよいですか？………112
- Q47 株主総会冒頭で、議事進行ルールの説明をする必要はありますか？………114
- Q48 質問者を指名する場合に、注意することは何ですか？………116
- Q49 株主の発言に対して、設けるべきルールはありますか？………118
- Q50 回答役は議長がすべきですか？担当役員にさせるべきですか？………120
- Q51 誰に回答させてよいかわからないときは、どうすればよいですか？………122
- Q52 株主が回答者を指名したら、どうすればよいですか？………124
- Q53 株主が1回の発言機会に多数の質問をしたら、どうすればよいですか？………126
- Q54 事務局はどのように活用したらよいですか？………128
- Q55 回答済みの事項について、別の株主からも質問があった場合どうすればよいですか？………130
- Q56 株主総会運営の時間は、どのくらいが適切ですか？………132
- Q57 動議か意見かわからない発言があったら、どうすればよいですか？………134
- Q58 議事運営に関する手続的な動議が出たら、どうすればよいですか？………136
- Q59 議長不信任の動議が出たら、どうすればよいですか？………138
- Q60 議案の修正動議が出たら、どうすればよいですか？………140
- Q61 修正動議を原案と一括審議し原案を優先採決したい場合は、具体的にどうすればよいですか？………142
- Q62 取締役選任議案に関する員数増減の修正動議や候補者追加の修正動議は、どのように扱えばよいですか？………144
- Q63 不規則発言を繰り返して議事を乱す株主を、直ちに退場させてよいですか？………146
- Q64 退場命令に従わない株主に対して、どのように対処すべきですか？………148
- Q65 質疑応答を打ち切るタイミングは、どのようにして判断すればよいですか？………150
- Q66 閉会宣言の際に、議長はどのような点に注意すべきでしょうか？………152

第3章 議長の頻出セリフ集

- 株主総会開始～進め方や、ルールの設定………156
  1 株主総会スタート………156
  2 進行方法のアナウンス………156
- 発言の整理・株主対応………158
  1 株主の発言の整理………158
  2 回答拒否………160
- 議事進行………163
- 動議の対応………165
  1 議事進行上の動議の対応………165
  2 修正動議の対応………166
- 不規則発言・退場命令………167
  1 不規則発言への対応………167
  2 退場命令………168
- 質疑応答の打ち切り………169

第4章 シナリオのサンプル

- 一括審議の場合のシナリオ………172
- 個別審議の場合のシナリオ………177

第5章 回答のヒント

1 回答の基本方針の確認（総論）………184
  1 回答の基本方針………184
  2 原則的な回答パターン………184
  3 一般株主対策としての回答パターン………185
2 ジャンル別の回答のヒント………186
  1「株価」に関する質問………186
  2「事業報告」に関する質問………187
  3「役員報酬」に関する質問………188

ワンポイントアドバイス

- 株主総会準備のスケジュールの概略、骨子………22
- 株主総会準備の開始時期………25
- 役員研修会………27
- 株主総会指導の特殊性と弁護士の活用方法………29
- 役員研修会の内容と弁護士講師の要否………31
- 株主総会の権限（株主総会は万能か？）………33
- シナリオの形状………35
- シナリオのバリエーション………37
- 株主総会の権限外の事項の決議………39
- 一括審議と個別審議の採用状況………41
- 議長就任の定款規定………45
- 議長交代の順序………45
- 想定問答集の作成問答数………47
- 想定問答集の用意………49
- 想定問答集の副次的メリット………49
- リハーサルの実施状況………51
- 総会決議取消事由………51
- リハーサルの回数状況………53
- 弁護士のリハーサル出席………55
- リハーサルの内容状況………57
- 機器の作動状況の確認………59
- 総会当日の役員の服装………61
- 役員の説明義務………63
- 説明義務の程度………65
- 決議取消事由の例………69
- 一般株主の出席増加の傾向………71
- 決議取消訴訟と裁量棄却………73
- IR（Investor Relations）と株主総会………75
- SR（Shareholder Relations）と株主総会………77
- 事前質問状が来る可能性………79
- レピュテーション向上と株主総会………81

- 想定問答集の的中率………85
- 議決権個数の報告ミスへの対応………87
- 開始時間の変更の可否………89
- 議長と主たる回答者の分担の有無………91
- 監査役の説明義務………95
- 監査役に対する質問の有無………95
- 議長不信任動議の可決と定款の議長交代規定………97
- 事前質問状に対する一括回答状況………99
- 回答を拒否するセリフ………101
- 要は議長の腕次第………103
- 株主総会の所要時間………105
- シナリオ熟読の重要性………107
- 取締役の株主総会出席状況………109
- 交通機関の混乱による遅刻、欠席………109
- 議長の急病（前日のケース、株主総会途中のケース）………111
- 不規則発言禁止のセリフが逆効果になることも………113
- 一括審議方式の採用の場合………115
- 会場係の重要性………117
- 株主が出席票番号と名前の開示を拒否した場合………119
- 主たる回答者………121
- 回答者指名発言の拘束力と説明義務との関係………125
- 複数質問を許容すべき場合………127
- 株主総会所要時間の現状と議長の心構え………133
- 動議か意見か不明な場合の高等テクニック………135
- 議長の反対意見を入れるセリフの活用………141
- 原案優先採決方針の採用と原案採決の区別………143
- 弁護士の事務局への参加状況………145
- 退場命令の現実的可能性………147
- 臨場警察官の早期手配………149
- 質疑打ち切りの方法………153

序 章

今年の注目論点はこれだ！

　本章は、平成23年に開催される株主総会において注意を要する論点をピックアップして解説しました。従来の株主総会運営方法に影響を与えるような重大な法改正等はなかったので※、基本的には従来の株主総会運営方針を変更する必要はありません。ただし、平成22年6月株主総会で問題となった、役員報酬の個別開示、議決権行使結果の開示については今年も引き続き要注意です。

※平成22年12月末現在

1 役員報酬の個別開示

役員報酬の個別開示の質問に対する対応策

❶ 従来どおり、原則として説明を拒否してもよい！
❷ 有価証券報告書で開示する分については、株主総会でも個別開示するのが好ましい！

1 昨年までの流れ

　ご存知のとおり、平成22年3月に改正開示府令が施行され、役員報酬が1億円以上の役員について、有価証券報告書への役員報酬の個別開示が求められることになりました。
　この改正は、6月の株主総会シーズン直前だったという時期的問題も関係して、株主総会対策の実務上、大変な注目を集めました。従来の株主総会対策としては、役員報酬の個別開示の質問に対しては、法律上個別開示が要求されていないことや個人のプライバシー等を根拠に、個別開示には応じないという姿勢が多数を占めていたからです。このような従来のやり方を変更する必要はあるのか、と大問題となりました。

2 有価証券報告書への開示と説明義務との関係

　しかし、この改正は、結局、有価証券報告書の記載事項の問題にすぎません。したがって、株主総会における役員の説明義務を左右するものではありません。つまり、今回の改正によって、役員報酬を個別開示しなければならない（役員の説明義務あり）という結論にはならないのです。

3 対策

(1) 役員報酬1億円未満の役員について

　役員報酬の個別開示の質問に対する対策としては、原則として、説明義務がない、という従来どおりの対応でよいでしょう。個別開示をすることも可能ですし、逆に、個別開示を拒否することも可能です。個別開示を拒否しても、基本的には説明義務違反の問題とはなりません。
　ただし、役員報酬の個別開示の質問が、取締役選任議案に関係している場合や株主提案権の行使があった場合等には、説明義務があるので、注意が必要です。

(2) 役員報酬1億円以上の役員について

　この場合、確かに、開示は有価証券報告書のレベルで要求されるだけであって、役員の説明義務を左右するものではありません。しかし、実務的には、有価証券報告書で開示する役員報酬については株主総会においても個別開示するのが好ましいでしょう。

2 議決権行使結果の開示

議決権行使結果の集計方法

❶ 前日までの議決権行使書の分、当日出席役員の分、当日出席大株主の分までを集計すれば足りる！
❷ 全ての議決権行使結果を集計する方法（機器による集計システム、出口調査、確認書面等）の普及が予想される！

1 昨年までの流れ

　有価証券報告書への役員報酬の個別開示を要求した改正開示府令（平成22年３月施行）は、株主総会の議決権行使結果の臨時報告書への開示も要求しています。

　従来の総会実務においては、議決権行使書、委任状、大株主の出席等によって賛成多数を確保した上で、当日の議案の採決は、投票をせずに、拍手等で賛成多数を確認する方法が定着していました。そのため、この改正が従来の決議方法に変更を求めるものではないかという点が議論を呼びました。

2 議決権行使結果の開示の程度

　もちろん、全ての議決権行使の結果を厳密に集計して開示することができれば、それにこしたことはありません。しかし、現実問題として、１票ずつ賛否を確認して集計することは、出席株主が少ない会社では可能でしょうが、多数の株主が総会に出席する会社では大変な作業を強いることになるでしょう。

　そこで、この改正開示府令も、従来の株主総会の決議方法の変更を求めるものではないことを明確にし、また、出席株主の議決権数の一部を算入しないことを認めています。つまり、総会当日の議案の採決において、投票を実施して出席株主全員の最後の１票に至るまで賛成、反対

をカウントして開示しなくてはいけない、というわけではないのです。

3 対策

　出席株主が多数で、全ての議決権行使結果を即座に集計することが事実上困難な会社においては、当面の間は、①前日までの議決権行使書の分、②当日出席の役員の分、③当日出席の大株主の分を算入して集計する方法がポピュラーな方法になるでしょう。

　しかし、将来的には、全ての議決権行使結果を算入する方法として、機器による集計システムの導入、出口調査の実施、確認書面の活用、ICチップ入り投票用紙の利用等が普及する可能性があるでしょう。

第 1 章

株主総会直前の
チェックポイント

本章では、株主総会直前にチェックして頂きたいポイントをまとめています。株主総会当日の議事運営に臨むに際し、リハーサル等で行った詳細な議論は忘れても構いませんが、株主総会の最重要課題とは何か？ 役員の心構えとして何を注意すればよいのか？ についてはしっかりと確認してください。

1 株主総会の最重要課題

1 株主総会の最重要課題

> 株主総会の最重要課題は、
> 会社の提案する議案の適法な可決である！

　株主総会を開催するのは、株主総会の目的事項(報告事項、決議事項)を達成するためです。せっかく取締役会で提案した議案が否決されては、元も子もありません。また、何とか議案を原案どおり承認可決しても、決議方法に法令・定款違反や著しい不公正があるとして決議取消訴訟(会社法831条)を提起されると一大事です。
　したがって、適法に会社提案議案を可決することが、株主総会の最重要課題となるのです。
　この点は、役員が株主総会当日の議事運営に臨む際のバックボーン、最後の拠り所となる重要ポイントであり、議長が議事進行をする際や役員が回答する際の基本的な行動指針となるものですから、忘れないようにしてください。

2 最近の株主総会の動向

❶ 総会屋の活動が鎮静化し一般株主の出席、発言が増加した！

❷ 株主総会対策は、総会屋対策から一般株主対策へと転換した！

　最近の株主総会の動向を見ると、総会屋の活動が鎮静化し、一般株主の出席、発言が増加しています。それに伴い、株主総会対策のスタン

スも、総会屋対策から一般株主対策へと大きく転換しています。

　また、「開かれた総会」というフレーズがポピュラーなものとなり、それに伴い、株主総会運営においてもIR活動、SR活動、PR活動、レピュテーション向上等の観点が重視されるようになっています。

3　一般株主対策やＩＲ活動等の重要性の程度

> 一般株主対策、「開かれた総会」、IR活動、SR活動、PR活動、レピュテーション向上等の観点は、「議案の適法な可決」を大前提とした上でのプラスαの価値として重要である！

　確かに、一般株主対策は重要であり、「開かれた総会」という視点に立って、株主総会運営においてIR活動やレピュテーション向上等の観点を重視することはとても大切ですし、まさに時代の潮流に合致するものです。

　しかし、あまりにこれらの観点を強調しすぎると、かえって好ましくない結果を招く危険性もあります。最近の株主総会運営では、一般株主対策だから、IRだからということで、不毛な質疑応答を長時間継続して議事が混乱するケースや、開示してはならない情報（企業秘密、インサイダー情報等）を暴露しそうになるケースも一部に見受けられます。

　忘れてはならないのは、株主総会の最重要課題は会社の提案する議案の適法な可決にあるという点です。会社提案「議案の適法な可決」なくして一般株主対策やIR等はないのです。

　つまり、一般株主対策、「開かれた総会」、IR活動、SR活動、PR活動、レピュテーション向上等の観点は、「議案の適法な可決」を大前提とした上での、プラスαの価値として重要なのです。

2　役員の心構え

1　役員の心構えの核心

> 議事運営の最大目標は「議案の適法な可決」にあるという視点を持つことが、役員の心構えの核心である！

　役員は、株主総会当日の議事運営にどのような心構えをもって臨むべきでしょうか。そもそも株主総会の最重要課題は、会社提案議案を適法に可決するという点にあります。
　そこで、役員は、この最重要課題を達成することこそが議事運営の最大目標だという視点を持つ必要があり、これが役員の心構えの核心となります。株主総会当日に、予期せぬトラブルや緊張を強いられる場面等があったとしても、この心構えの核心を忘れることなく対応しなくてはなりません。
　以下に、もう少し詳しく説明します。

2　議長の心構え

> ❶ 議長は、議案の適法な可決という目標に向かって、円滑公正な議事運営を実現しなければならない！

> ❷ 議長は、円滑公正な議事運営を実現するために、適法な審議（決議取消事由の防止）と合理的な進行（長時間総会の回避）に努力しなければならない！

> ❸ 議長は、プラスαの価値（一般株主対策、開かれた総会、IR、SR、PR、レピュテーション向上等）への配慮も忘れてはならない！

　議長は、議案の適法な可決という目標に向かって円滑公正な議事運営を実施しなければなりません。その意識があれば、突然のハプニングにも難なく適切に対処することができるでしょう。
　具体的には、議長は、秩序維持権や議事整理権（会社法315条1項）を駆使して円滑公正な議事運営をしなくてはならないということです。そして、そのために、議長は、適法な審議（決議取消事由の防止）と合理的な進行（長時間総会の回避）に努力しなければなりません。
　ところで、近時の株主総会の傾向は、総会屋対策から一般株主対策へと視点が転換し、「開かれた総会」という言葉が広まり、IR活動、SR活動、PR活動、レピュテーション向上等の観点が重視されるようになっています。そこで、議長は、議案の適法な可決が株主総会の最重要課題であることを大前提とした上で、さらにこれらの観点をプラスαの価値として配慮することも忘れてはなりません。

【イメージ図】

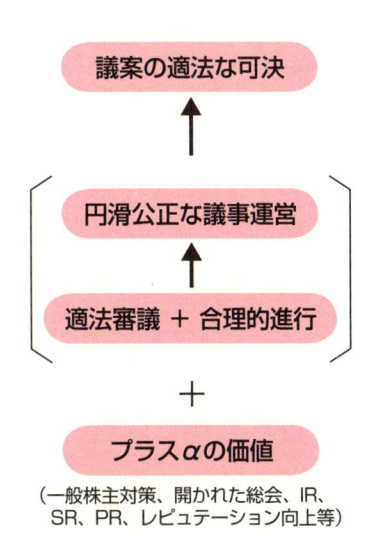

```
        議案の適法な可決
              ↑
        円滑公正な議事運営
              ↑
        適法審議 ＋ 合理的進行
              ＋
         プラスαの価値
    （一般株主対策、開かれた総会、IR、
      SR、PR、レピュテーション向上等）
```

3 回答担当役員の心構え

> ❶ 回答担当役員は、議案の適法な可決という目標に向かって、説明義務を尽くさなければならない！

> ❷ 回答担当役員は、回答行動をパターン化するとよい！

　回答担当役員は、議案の適法な可決という目標に向かって、説明義務を尽くす努力をしなければなりません。説明義務に違反すると、たとえ議案を可決しても決議取消事由（会社法831条）が発生してしまうからです。

　想定問答集をヒントにして回答すれば、通常は説明義務違反という最悪の事態を回避することができるでしょう。想定問答集作成にあたっては、予想される質問に対して説明義務違反にならないよう十分に検討して回答例を作成するからです。ただし、想定問答集の回答例を鵜呑みにするのは危険です。あくまでも回答のヒントとして利用するという気持ちが大切です。

　なお、回答担当役員は、説明義務を尽くすという使命に全神経を集中させる必要があるので、回答する際の行動をパターン化しておくことをお薦めします。こうすることによって、余計な労力を使わずに済み、ミスも防止することができます。

　実務上よく見られるオーソドックスな行動パターンは、次のようなものです。

> ① 議長の指名を受けてから回答する。
> ② 回答する前にお辞儀をする。
> ③ 回答する際は、「取締役の〇〇〇〇でございます。ただいまのご質問は、……ということですが、この点につきましては、……でございます。以上、ご回答申し上げました」というように、決まり文句で対応する。
> ④ 説明を終了したら自席に戻る（着席する）。

⑤ 説明に対して株主からツッコミや再質問があっても、株主との直接の掛け合い問答はしない（むしろ、するべきではない）。

4 回答担当でない役員の心構え

❶ 回答担当でない役員は、自分の態度も見られていることを忘れてはならない！

❷ 回答担当でない役員も、真剣な態度で質疑応答に耳を傾けなければならない！

　多くの会社では、誰が回答者になるかを事前に方針決定しています。そのため、回答担当でない役員が株主総会当日、緊張感に欠ける態度をとってしまうことが往々にしてあります。

　しかし、株主にとっては誰が回答担当役員かなどということはわかりません。役員の緊張感に欠ける態度は、株主席からは一目瞭然です。それでは株主の顰蹙を買ってしまい、レピュテーションは向上どころか地に落ちかねません。

　株主から見ると、役員はみな説明義務のある同じ立場にあります。回答担当でない役員だからこそ、最初から最後までやる気十分の姿勢、緊張感のある真剣な態度をとり続けることが重要かつ必要なのです。

第**2**章

Q&A 役員の株主総会対策チェックポイント66

　本章は、役員の株主総会直前対策として、「これだけは絶対におさえて欲しい」という株主総会対策上の重要なチェックポイント66項目について、Q&Aの形式でわかりやすく簡潔に解説しています。66項目のチェックポイントは、株主総会当日の議事運営対策（役員の回答方法、議長の議事進行方法）についてが中心ですが、それに関連する株主総会準備段階のチェックポイント（役員研修会、シナリオ、想定問答集、リハーサル等）についても解説しています。また、随所に設けたワンポイントアドバイスにて実務上のエピソード、参考知識、参考データ等を挙げています。

基礎知識の整理

1　株主総会までのスケジュール(Q1～Q2参照)

(1)スケジュールの必要性

　株主総会は、報告事項を報告して決議事項を採決する場であり、年に一度の経営陣と株主との対面の場でもあります。しかし、その準備には膨大な作業と時間を要します。そこで、株主総会準備を円滑にミスなく進めるために、予め綿密なスケジュールを立てておくことが必要です。株主総会当日の半年前頃には、スケジュール表を作成して、株主総会の準備を開始するとよいでしょう。

(2)役員と事務方との役割分担

　株主総会の準備段階では、取締役や監査役等の役員の準備作業と事務方(総会担当者)の準備作業とを明確に区分して、役割分担をはっきりさせることが大切です。

2　役員研修会(Q3～Q6参照)

(1)役員研修会の必要性

　役員全員を対象とした役員研修会は、必ず実施しましょう。役員全員が株主総会運営上の重要なポイントについて共通認識を持つことは、円滑な株主総会運営実現のための大前提となります。

(2)役員研修会の講師と内容

　役員研修会の講師は、顧問弁護士がベストでしょう。顧問弁護士はその会社の経営状況や内情等を熟知しているので、その会社独自の問題点に即したオリジナルな研修内容を実施することができます。

　役員研修会では、基本事項(株主総会の意義、株主総会の運営方法、役員の説明義務、質疑応答の方法等)を確認するのはもちろん、自社独自の問題点の分析とその対応策まで検討しましょう。

3　シナリオ（Q7～Q12参照）

(1) シナリオ作成の必要性
　株主総会当日のためのシナリオは、必ず作成しましょう。シナリオを作成しておけば、株主総会当日の議事進行をミスなく円滑に行うことができます。

(2) シナリオの内容と形式
　シナリオを作成するのは、議事進行をミスなく円滑に行うことが主な目的です。したがって、シナリオの内容もその目的に沿ったものでなければなりません。具体的には、冒頭の議長就任宣言、開会宣言から最後の閉会宣言、その後の新任役員紹介までの一連の手続の流れについて、議長や関係者のセリフを話し言葉で全て記載します。
　シナリオの形式は議長が読みやすいように、字体、文字の大きさ、改行、余白、用紙サイズ等に注意しましょう。

(3) 個別審議と一括審議
　株主総会の審議方法には、個別審議と一括審議という2つの方法があるので、どちらを採用するかによってシナリオの中身が違ってきます。私見ですが、議長の負担の軽減、運営時間の管理、役員の説明義務違反のリスク（会社法314条の説明義務に違反すると会社法831条の決議取消事由に当たります）等の点を考えて、一括審議の採用をお薦めします。

4　想定問答集（Q13～Q14参照）

(1) 想定問答集の必要性
　役員が、株主総会での株主の質問に対して、何も見ないで常に適切な回答ができるとは限りません。そこで、役員が回答する際のヒントとするために、事前に予想質問とその回答例を作成しておく必要があります。
　実務上、ほとんどの会社が想定問答集を作成しています。想定問答の数は100問を目途にするとよいでしょう。

(2) 想定問答集の利用の仕方
　役員は、想定問答集を丸暗記する必要はありません。ポイントだけ押さえておいて、総会当日は、想定問答集をヒントにして自分の記憶、理解の範囲内で回答すれば十分です。想定問答集に頼るあまり、質問に関

連性のない回答例を棒読みして、株主の失笑や顰蹙を買ってしまうということがよくありますので、注意してください。想定問答集はあくまでも回答のためのヒントとして利用しましょう。

5　リハーサル(Q15～Q20参照)

(1)リハーサルの必要性

　リハーサルは必ず実施しましょう。リハーサルを実施して十分なトレーニングを積むことによって、円滑な株主総会運営や議事進行の実現が可能となるのです。ほとんどの会社がリハーサルを実施しています。

(2)リハーサル実施上の注意点

　リハーサルは、円滑な株主総会運営を確保するための準備の一環として行う予行演習です。リハーサルの回数は2回が理想であり、出席者は議長、役員、総会担当者、弁護士等です。リハーサルの内容は、進行手順の確認と質疑応答の練習が中心ですが、入場から退場まで本番当日と同様に行うことが重要です。

6　役員の回答方法(Q21～Q40参照)

(1)役員の説明義務とその例外

　役員には、株主総会において株主からなされた質問についての説明義務が課されています(会社法314条本文)。ただし、①株主総会の目的事項に関しない場合、②株主の共同利益を著しく害する場合、③説明に調査を要する場合(ただし、相当期間前に通知があったとき、調査が著しく容易なときは除く)、④会社その他の者の権利を侵害する場合、⑤実質的に同一の事項について繰り返して説明を求める場合、⑥正当な理由がある場合、という6つの場合には、説明義務が免除されています(会社法314条但書、会社法施行規則71条)。

(2)説明義務の程度

　説明義務がある場合でも、個々の株主が納得するまで説明をする必要はありません。一般的、平均的な株主を想定した上で、そのような株主が合理的に理解して判断することができる程度の説明をすれば足りるとされています。

(3) 説明義務違反
　説明義務に違反すると、株主総会決議取消事由（会社法831条）となる可能性があります。せっかく総会を開催しても、後で決議が取り消されてはたまりません。説明義務違反にならないように回答することが、総会当日の最も気をつけなくてはいけないことです。

7　議長の議事進行（Q41～Q66参照）

(1) 議長の秩序維持権と議事整理権
　議長は、秩序維持権や議事整理権（会社法315条）を行使して、円滑公正な議事運営を実現する役割を担っています。これによって、ひいては報告事項の報告や決議事項の採決という、株主総会の目的事項が適法に達成されることとなるのです。

(2) 適法な審議と合理的な進行
　議長が円滑公正な議事運営を実現するために注意しなければならない点が、2つあります。
　第1は、適法に審議を行うことです。例えば、説明義務違反（会社法314条）や議決権行使の妨害等があると決議取消事由（会社法831条）に該当してしまいます。そんなことにならないように、議長は適法に審議をしなければなりません。
　第2は、合理的に進行することです。議長の不手際で議事秩序が混乱して、長時間の株主総会になってしまうのは、大多数の株主にとってハタ迷惑であり、会社にとってもその後の段取りが狂うので困ります。議長は、合理かつ効率的な議事運営に努力しなければなりません。

【準備段階 編】
株主総会までのスケジュール

Q1 株主総会の準備はいつから始めればよいですか？

A1 準備は株主総会の半年前からスタートする！

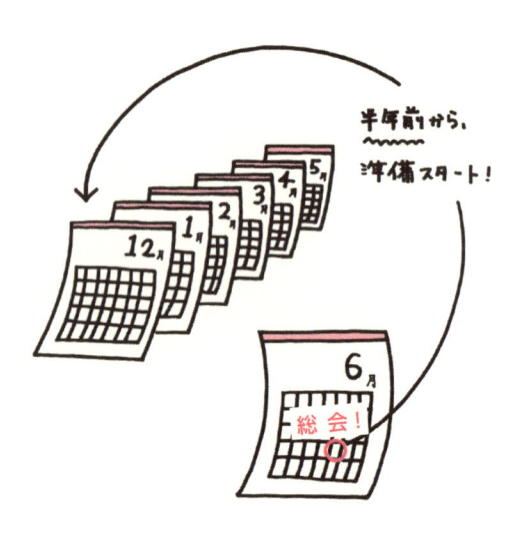

半年前から、準備スタート！

株主総会当日から遡って半年前頃に準備を開始し、以後、会社法の定める手続を踏みつつ、並行して、株主総会関連資料の作成、当日の株主総会運営対策を進めます。

1 株主総会当日までのスケジュールの全体像

(1) スタート時期

　株主総会の準備には、膨大な時間と労力を要します。上場企業の場合、株主総会当日から遡って半年前頃（例えば3月決算6月定時総会の会社の場合は、前年の12月頃）には、会場予約や全体スケジュール表の作成等の準備を開始するとよいでしょう。

(2) その後の手順

その後は、会社法の定める手続(計算書類等の提出、決算取締役会の開催、株主総会招集通知の発送等)を踏む一方で、並行して、株主総会関連資料(招集通知や参考書類等、想定問答集、シナリオ等)の作成、当日の株主総会運営対策(役員研修会、シナリオ検討、想定問答集の検討、リハーサル実施等)を進めていくことになります。

2 株主総会準備手続のタイムリミット

会社法は、株主総会開催に向けた各種の準備手続について期限(タイムリミット)を設定しています。

例えば、次のようなものがあります。

① 基準日公告(会社法124条3項)→基準日の2週間前まで
② 基準日(会社法124条2項)→総会当日から遡って3か月以内
③ 株主提案権行使(会社法303条2項)→総会当日の8週間前まで
④ 会計監査人の会計監査報告通知(会社計算規則130条)→計算書類受領日から4週間経過日等
⑤ 監査役会の監査報告通知(会社法施行規則132条)→事業報告受領日から4週間経過日等
⑥ 総会招集通知(会社法299条1項)→総会当日の2週間前まで
⑦ 計算書類等の備置(会社法442条)→総会当日の2週間前から
⑧ 議決権不統一行使通知(会社法313条2項)→総会当日の3日前まで
⑨ 議決権行使書提出(会社法施行規則69条)→総会当日の直前の営業時間終了時
⑩ 総会当日(会社法124条2項)→基準日から3か月以内

3　株主総会運営対策の準備

　株主総会運営対策としては、役員研修会の実施、シナリオ検討、想定問答集の検討、リハーサルの実施等があります。

　役員研修会は、遅くとも総会当日から遡って1か月前までに実施します。役員研修会の回数は2回が理想ですが、それが無理でも最低1回は実施すべきでしょう。シナリオ、想定問答集は、総会当日の1か月前までに完成させます。

　株主総会直前1か月を切ってからは、リハーサルを実施しながら、シナリオ、想定問答集の最終チェックをしていくことになります。

ワンポイントアドバイス

株主総会準備のスケジュールの概略、骨子

　次ページに3月末決算6月26日定時株主総会の上場企業(公開会社・大会社・取締役会設置会社・監査役設置会社・監査役会設置会社・会計監査人設置会社)の場合を想定して株主総会準備のスケジュール案を作成した。

　表中の日程欄は、曜日や祝祭日等を無視して計算上の日付を記載した。

　この表はスケジュールの概略、骨子を記載したものにすぎず、紙面の都合上、記載を省略した手続がある点をご容赦願いたい。

【株主総会準備のスケジュール案】

日程	手続	補足説明
12月 総会の半年前	会場予約、スケジュール表作成等の準備開始	
1月～2月 総会当日の4～5か月前頃	想定問答集の作成開始	各部署に想定問答集の作成を指示
3月16日 基準日の2週間前まで	基準日公告	会社法124条3項 ※定款規定があれば不要
3月31日 総会当日前3か月以内	●基準日(事業年度末日)	会社法124条2項
4月 総会当日の2か月前	役員研修会(1回目)	役員全員が出席
4月30日 総会当日の8週間前まで	株主提案権の行使	会社法303条2項 ※定款で短縮可能
5月 総会当日の1か月前	役員研修会(2回目)、シナリオ作成	
5月12日 計算書類等受領日から4週間等	会計監査報告、監査役会監査報告等	会社計算規則130条、会社法施行規則132条等
15日	決算取締役会(計算書類等の承認、総会招集決定)	会社法298条、436条3項、444条5項
6月5日	リハーサル(1回目)	リハーサル前にシナリオ、想定問答集を完成
11日 総会当日の2週間前まで	総会招集通知の発送	会社法299条1項
11日 総会当日の2週間前から	計算書類等の備置	会社法442条
20日	リハーサル(2回目)	
25日 総会当日直前の営業時間終了時	議決権行使書の提出	会社法施行規則69条
26日 基準日から3か月以内	●定時株主総会	

【準備段階 編】株主総会までのスケジュール

【準備段階 編】
株主総会までのスケジュール

Q2 準備段階では、役員と事務方との役割分担はどのようにすればよいですか？

A2 事務方（総会担当者）が事務的な準備作業を担当し、取締役等の役員は、当日の株主総会運営に向けた対策に専念すべきです。

資料の作成は、事務方にまかせましょう。
役員が事前準備段階から全ての作業に関与する必要はありません。

1 役割分担の必要性

　株主総会準備には、膨大な作業量が必要です。役員が日常業務の合間に株主総会準備作業の全部に関与して、逐一指示を出すことは現実問題として不可能でしょう。そこで、役割分担が必要となります。
　事務方は株主総会用の資料（招集通知、添付書類、参考書類、規定問答集、シナリオ等）の作成等の事務的な準備作業を担当し、役員は当日の株主総会運営をいかに円滑に行うかという観点での準備（役員研修会、シナリオ検討、想定問答集検討、リハーサル等）に専念すべきです。

2 役員の準備

　役員は、事務方が作成した株主総会用の資料等をベースに、当日の株

主総会運営の準備を進めます。

　具体的には、役員研修会を実施し、シナリオを熟読し、想定問答集をチェックし、リハーサルを実施して、株主総会当日に備えることになります。

3　スケジュールの重要性

　株主総会準備は、多数の人間・多数の部署が統一的な方針のもとに一斉に作業を進める必要があるので、株主総会準備のスケジュールを事前に確定することは絶対に必要です。役員は事務方に指示を出し、全体のスケジュールだけでなく、役員を含めた株主総会に関わる全ての担当者の役割ごとに詳細なスケジュール表（日程表）を作成すべきです。

ワンポイントアドバイス

株主総会準備の開始時期

　2010年版株主総会白書（旬刊商事法務No.1916、31頁、商事法務研究会）によると、株主総会準備の開始時期について決算期末から決算取締役会までの間と回答した会社が最多（回答全体の33.6％）となっている。しかし、これはリハーサル実施等の本格的な準備開始時期という意味であろうと推察される。

　現実問題として、会場の予約、スケジュール作成等の準備は、遅くとも決算期の3か月前（3月決算6月総会の会社であれば前年12月頃）には開始する必要がある。

【準備段階 編】
役員研修会

Q3 役員研修会は、実施しなくてもよいですか？

A3 役員研修会は、必ず実施すべきです。

役員研修会は2回が理想。最低でも1回は実施を！

1 役員研修会の必要性

　役員研修会は必ず実施すべきです。役員全員が株主総会運営上の重要点について共通認識を持つことは、円滑な株主総会運営実現のための大前提だからです。

　また、株主総会対策は、会社の状況や経済動向等に応じて臨機応変に柔軟に変化させる必要があります。毎年一律に同じやり方というわけにはいきません。そこで、毎年役員研修会を実施することが重要となるのです。

2　役員研修会とリハーサル

　役員研修会の主たる目的は、株主総会運営の重要ポイントについて役員全員に共通認識を持たせる点にあります。他方、リハーサルの主たる目的は株主総会当日の予行演習にあります。両者は実施目的が異なるので、「リハーサルで十分だから、役員研修会は不要」ということにはなりません（リハーサルについては、Q18を参照ください）。

3　役員研修会実施上の注意点

　役員研修会の実施にあたって、注意すべき点は以下の通りです。
① 対象者は役員全員です。また、事務方も参加すべきです。
② 回数は2回が理想です。それが無理でも、最低1回は実施すべきです。
③ 講師は顧問弁護士が適任です。事務方が講師をすると、役員に対して遠慮して、率直な助言ができない可能性があります。
④ 時期は遅くとも総会前1か月までに実施すべきです。直前1か月は、想定問答集やシナリオのチェック、リハーサル等の段階になります。

4　役員研修会の内容

　最低限必要なのは、①株主総会の意義、②株主総会運営方法、③役員の説明義務、④質疑応答の方法等の検討と確認です。これに各会社固有の問題点の分析、対策等を加えることになります。

ワンポイントアドバイス　役員研修会

　法律上、役員研修会の実施義務はない。しかし、実務上、役員を対象とした株主総会対策の勉強会、研修会等（役員研修会、役員セミナー等）は広く実施されている。役員研修会の主眼は、役員全員が株主総会運営に関する重要ポイントについて共通認識を持つ点にあるが、日常業務で多忙な役員にとっては、会社法等の法律知識を改めて確認する貴重な機会でもある。

【準備段階 編】役員研修会

【準備段階 編】
役員研修会

Q4 役員研修会の講師は、誰が担当すべきですか？

A4 講師は、顧問弁護士が最適任です。

> 顧問弁護士の○○です。本日の役員研修会の目的は……

講師は顧問弁護士が最適任です。
社内スタッフでは不十分となるおそれあり！

1　役員研修会の講師の重要性

　役員研修会の主たる目的は、株主総会運営の重要点について役員全員に共通認識を持たせることにあります。したがって、講師を誰にするかは、株主総会対策上、極めて重要です。

2　講師の適任者

　講師には、顧問弁護士がベストです。顧問弁護士は、その会社の経営状況や内情等を熟知しており、その会社独自の問題点に対応したオリジナルの研修内容を実現することが可能だからです。
　顧問弁護士がいない場合には、株主総会対策に精通した弁護士に臨時で依頼することも有効でしょう。その場合には、事前にその弁護士と十分な打ち合わせをして研修内容を充実させることが必要です。

3 株主総会担当者等の社内スタッフ

　実際には、株主総会担当者等の会社内部のスタッフが講師を務めることもよくあります。しかし、会社内部のスタッフは法律の専門家ではないので、最新の法律上の問題点や株主総会運営状況の分析、実務上の助言等の点で力量不足の不安があります。また、役員に対する気兼ねや遠慮が先に立って率直な助言ができないのではないかという心配もあります。

　社内スタッフを役員研修会の講師とする場合には、これらの点を注意する必要があります。

ワンポイントアドバイス

株主総会指導の特殊性と弁護士の活用方法

　株主総会指導は法律論に加え実務的ノウハウも必要なので、弁護士によって差が生じる。依頼する以上、できれば腕が良く、相性の合う弁護士に依頼したいと願うのは当然であるが、現実には、弁護士側の要素（株主総会指導経験や著作物や研究会活動等の株主総会指導に関する精通度）と、会社側の要素（依頼範囲の広狭、費用の程度等）との比較考量で決めることになる。

　ところで、弁護士に株主総会指導を依頼する場合、当日立会いだけ、リハーサル指導だけとする会社もある。しかし、せっかく弁護士に依頼するのであれば、株主総会用の資料（招集通知、添付書類、参考書類、想定問答集、シナリオ等）のリーガル・チェック、役員研修会の講師、リハーサル指導、本番当日の立会いという一連の手順の全てに弁護士を関与させる方が、会社にとってメリットが大きいだろう。

【準備段階 編】
役員研修会

Q5 役員研修会の内容は、どのようなものにすべきですか？

A5 基本事項の確認と会社独自の対策の2点を中心テーマとすべきです。

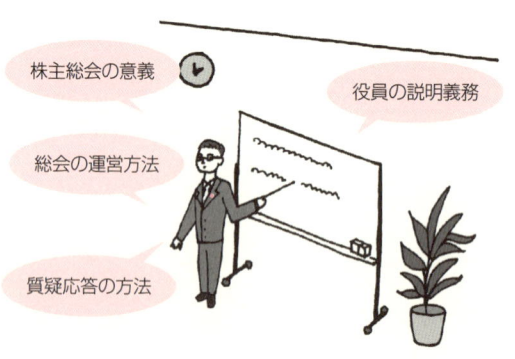

- 株主総会の意義
- 総会の運営方法
- 質疑応答の方法
- 役員の説明義務

役員の説明義務と回答方法に関する一般的解説では、不十分！

1　役員研修会の内容

　役員研修会は、株主総会運営の重要点について役員全員が共通認識を持つことを主眼としています。それゆえ、その内容も、株主総会対策としての一般的な基本事項の確認だけで終わりとしてはならず、さらに、その会社独自の固有の問題点の分析と対応策まで含めることが必要です。

2　基本事項の確認

① 株主総会の意義

　株主総会は何のために開催するのかについて確認しましょう。具体的には、総会開催の法的意義（報告および議案採決）と現実的意義（IR、SR、レピュテーション向上、開かれた総会、情報開示等）の確認をします。

② 株主総会の運営方法

円滑な総会運営を実現するにはどうしたらよいのか確認しましょう。具体的には、実務上の株主総会運営ルール（個別審議、一括審議等）を確認します。

③ 役員の説明義務（会社法314条）

取締役等の役員に課されている説明義務の範囲と程度、説明義務違反の場合の効果（決議取消事由等）、説明義務と他の要素（IR、SR、レピュテーション向上、企業秘密、第三者のプライバシー等）との関係等を確認します。

④ 質疑応答の方法

たとえ説明義務があっても、何でも無制限に暴露してよいことにはなりません。質疑応答の具体的方法を確認します（詳細はQ21以降を参照ください）。

3　会社独自の問題点の分析と対応策

株主総会対策は、当然のことですが、「自社にとっての株主総会対策」でなければなりません。したがって、役員研修会も、一般論としての基本事項の確認だけで終わっては不十分であり、自社の実態とそぐわない場合もあるでしょう。そこで、さらに自社独自の問題点の分析と、その対応策までを、具体的に検討する必要があります（クレーマー株主対策、不祥事対応等）。

ワンポイントアドバイス　役員研修会の内容と弁護士講師の要否

役員研修会の内容が基本事項の確認だけで足りる場合には、弁護士を講師にする必要性はさほど大きくはない。しかし、会社独自の対応策まで検討する必要がある場合には、弁護士を講師にする必要性は高い。独自の対応策とは、例えば毎年必ず出席する特定のクレーマー株主への対応策や特殊株主対策、あるいは経営上の不祥事に関する株主からの責任追及に対する対応策等である。

【準備段階 編】
役員研修会

Q6 回答予定のない役員も、役員研修会に出席する必要がありますか？

A6 回答予定のない役員も出席すべきです。

議長と回答担当役員だけではなく、回答予定のない役員も出席すること！

1 役員研修会の出席者

　役員研修会は、株主総会運営の重要点について役員全員が共通認識を持つことを主眼として開催するものです。したがって、役員全員が出席すべきです。

　また、株主総会当日、事務局として株主総会運営の一翼を担う株主総会担当者も、株主総会運営の重要ポイントについて共通認識を持つ必要があるので、役員研修会に出席すべきです。

2　回答予定のない役員

　株主総会当日は議長と回答担当役員が発言し、回答予定のない役員はただ座っているだけだから、回答予定のない役員は役員研修会に出席する必要がないのではないか、という意見もあります。

　しかし、株主総会の円滑な運営という観点からは、回答予定のない者も含めた役員全員が株主総会運営の重要ポイントについて共通認識を持つ必要があります。また、株主総会当日の株主の質問如何によっては、回答予定のない役員が回答せざるを得ない場面が絶対にないとは言えません。さらに、自社の問題点を的確に把握するためにも、回答予定のない役員も役員研修会に出席する必要があるのです。

ワンポイントアドバイス

株主総会の権限（株主総会は万能か？）

　一般に、株主総会は万能の意思決定機関と思われている。確かに会社法は、原則として株主総会を万能の意思決定機関であるとし（会社法295条1項）、例外的に取締役会設置会社の場合には総会権限を法定事項・定款事項に限定している（会社法295条2項）。

　しかし、現実には上場企業を含めた大多数の株式会社が取締役会設置会社であるから、結局、大多数の株主総会は万能の意思決定機関ではないことになる。その場合は取締役会が会社の運営、管理上の中心的な意思決定機関となる。

【準備段階 編】
シナリオ

Q7 シナリオは、必ず作成しなければいけませんか？

A7 シナリオは必ず作成すべきです。

シナリオは必ず作成！
文字の大きさ等、議長が読みやすい形にすること！

1 シナリオ作成の重要性、必要性

　株主総会当日の議事進行をミスなく円滑に行うため、事前に当日の手順やセリフを記載した株主総会進行シナリオを作成し、当日、議長がシナリオに従って議事進行する、という運用が実務上定着しています。

　株主総会では、議案について適法かつ公正な手続に従って審議することが法律上要求されており、これに違反した場合には株主総会決議の効力が問題となるおそれがあります（会社法831条）。そこで、手続的なミスによる株主総会決議の瑕疵の発生を未然に防止するために、事前に株主総会の議事進行の手順をシナリオ化しておくことは、極めて合理的かつ優れた方法と言えます。

2　シナリオ作成のメリット

　シナリオ作成の目的は、手続的ミスによる総会決議の瑕疵の発生を未然に防止する点にありますが、実務上は、議長の負担軽減というメリットも無視できません。シナリオがあれば、議長は、「これに従って議事進行すれば大丈夫」という安心感を持つことができるので、余裕を持って質疑応答等に全神経を集中することが可能となるのです。

3　審議のやり方に応じたシナリオ作成

　議案の審議のやり方には、実務上、一括審議と個別審議の2つの種類があります。一括審議とは、報告事項と全議案について一括して質疑応答を行った後に議案の採決を行うやり方で、個別審議とは、報告事項の報告、質疑応答、第1号議案の上程、質疑応答、採決という流れで個別に審議を進めるやり方です。いずれかを採用してシナリオを作成することになります。

　私見ですが、全体の進行予測が容易であることや手続的リスク対策という点を重視して、一括審議をお薦めします。

シナリオの形状

　シナリオの形状は様々である。中には小さい文字でびっしりと記載して持ち運びに便利な小冊子にするケースもある。これは見栄えは良いが、議長は読みづらい。シナリオが威力を発揮するのは本番当日の議長席である。議長が読みやすいようにすることこそが、何よりも最優先されるべきである。

【準備段階 編】
シナリオ

Q8 シナリオには、何をどの程度記載すべきですか？

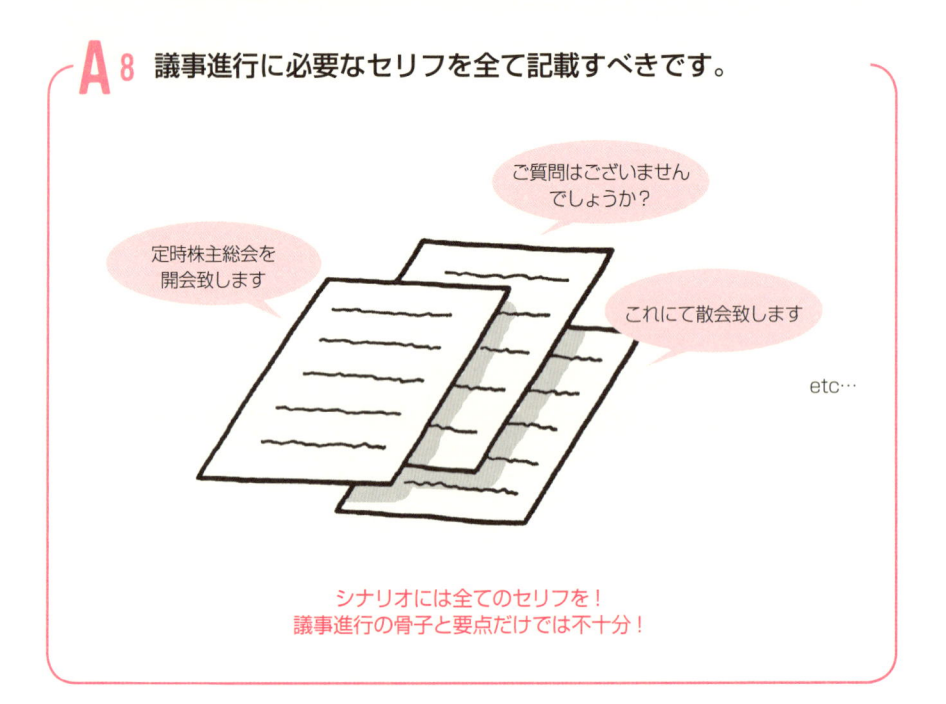

A8 議事進行に必要なセリフを全て記載すべきです。

> 定時株主総会を開会致します

> ご質問はございませんでしょうか？

> これにて散会致します

etc…

シナリオには全てのセリフを！
議事進行の骨子と要点だけでは不十分！

1　シナリオの記載内容の程度

　シナリオ作成の主たる目的は、議事進行をミスなく円滑に行う、つまり、決議方法の法令・定款違反や著しい不公正等による総会決議取消事由（会社法831条）の発生を未然に防止する、という点にあります。したがって、シナリオの内容は、株主総会決議の瑕疵の発生を未然に防止するのに必要十分なものにしなければなりません。

　具体的には、冒頭の議長就任宣言、開会宣言から最後の閉会宣言、その後の新任役員紹介までの一連の手続の流れについて、議長や関係者のセリフを全て網羅的に記載します。なお、そのまま読み上げられるように、話し言葉で記載すべきです。

2　議事進行の骨子と要点を記載したシナリオの弱点

　もしも、シナリオに議事進行の骨子と要点だけしか記載されていないと、議長は法律的に誤った発言をしてしまう可能性があり、また、進行手順を間違えるかもしれません。それらは、場合によっては総会決議取消事由になるおそれもあります。
　したがって、シナリオに、議事進行の骨子と要点だけを書くことは、手続的ミスを誘発するリスクの高い危険な方法なので、避けるべきです。

シナリオのバリエーション

　シナリオを作成する場合、手続的に複数の選択肢がある場合には、それぞれのルートに応じたセリフを記載したシナリオのバリエーションを用意しておく必要がある。例えば、動議が出た場合と出ない場合、質疑応答を打ち切る必要がある場合とその必要のない場合等である。

　議長は、当日、手続的岐路に立たされた場合に、どのバリエーションを使用するかで迷わないで済むように、事前にリハーサルで十分訓練する必要がある。

【準備段階 編】
シナリオ

Q9 シナリオ作成上、書式等の形式面では何を注意すべきですか？

A9 議長が読みやすいように、字体、文字の大きさ、改行、余白、用紙サイズ等に注意すべきです。

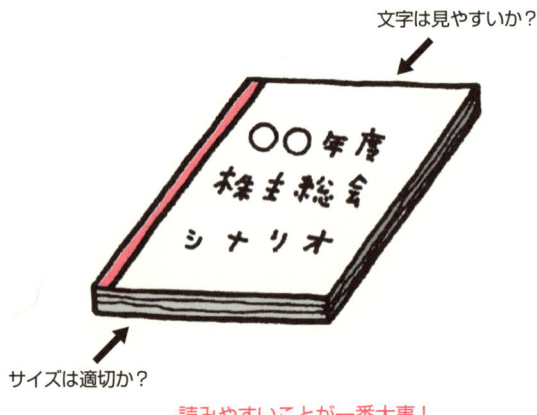

文字は見やすいか？

○○年度
株主総会
シナリオ

サイズは適切か？

読みやすいことが一番大事！

1 シナリオ作成の目的

シナリオ作成の主たる目的は、決議方法の法令・定款違反や著しい不公正による総会決議取消事由（会社法831条）の発生を未然に防止する点にあります。したがって、シナリオ作成にあたっては、内容的に手続的瑕疵が生じないようにすることが最優先課題となります。

しかし、たとえ内容的には完璧でも、議長にとって読みにくい文字だったり、議長が混乱するような紙面では、せっかくのシナリオが台無しになってしまいます。そこで、シナリオ作成にあたっては、形式的なことではありますが、現実問題として、議長が読みやすいようにという点を無視することはできません。

2　形式面での注意点

　シナリオ作成の形式面での注意点としては、字体、文字の大きさ、改行、余白、用紙サイズ、用紙方向等があります。

　いずれも、議長が読みやすいか否かが唯一の判断ポイントなので、随時、臨機応変に議長の意見を取り入れて、改訂する必要があります。議長も、事前のチェックで少しでも読みづらい点を見つけたら、躊躇わずにシナリオ改訂を指示すべきです。

> **ワンポイントアドバイス**
>
> **株主総会の権限外の事項の決議**
>
> 　株主から総会の権限外の事項について総会決議を要求されることがある。例えば「総会は万能の意思決定機関なのだから、……についてもこの場で決めて欲しい」等である。
> 　しかし、取締役会設置会社では、総会で法定事項・定款事項以外の事項を決定することはできないので（会社法295条2項）、もし総会の権限外の事項についての決議をしても、その決議は無効である。

【準備段階 編】
シナリオ

Q10 株主総会の審議の進行方法には個別審議と一括審議の2つのスタイルがありますが、どちらを採用すべきですか？

A10 円滑な株主総会運営という点を重視するなら、一括審議を採用すべきです。

○ 円滑な株主総会運営という点から、一括審議を採用する

× 一括審議は不適法だから、個別審議で行う

1 個別審議と一括審議の2つのスタイル

　株主総会の審議の進行方法には、実務上、個別審議と一括審議の2つのスタイルがあります。

　個別審議は、「報告事項の報告→質疑応答→第1号議案の上程→質疑応答→採決」というように、1つ1つ質疑応答をしながら進行するやり方です。

　一括審議は、まず報告事項の報告と議案全部の上程をし、次に報告事項と全議案について質疑応答を一括して実施し、最後に採決のみを行うやり方です。

2　個別審議と一括審議の長短

　個別審議は、株主にとって手続の進行状況がわかりやすく、的確に質問できるという長所があります。しかし、この方法だと、議事運営に手間がかかる上、株主総会全体の進行が予想できないので、思わぬ手続的ミスが生じるおそれもあります。

　逆に、一括審議の方法は、時間配分や質疑打ち切りのタイミング等も含め円滑な株主総会運営を可能にし、手続的リスクも減少するという長所があり、議案数や内容如何では一括審議の方が株主にとってわかりやすいこともあります。

3　個別審議と一括審議の選択

　個別審議、一括審議いずれも適法な方法なので、どちらを採用するかは会社の自由です。議案数や株主総会の規模等によっても異なりますが、要するに、株主にとっての便宜を重視すれば個別審議、会社にとってのメリット（円滑な総会運営、手続的リスクの減少等）を重視するならば一括審議となるでしょうか。

　私見としては、株主総会の最重要課題が議案の採決にある以上、やはり円滑な運営という観点を優先して一括審議をお薦めします。

一括審議と個別審議の採用状況

　2010年版株主総会白書（旬刊商事法務No.1916、92頁、商事法務研究会）によると、個別審議を採用した会社は回答全体の61％、一括審議を採用した会社は38％である。割合から見ると個別審議の方が多数派だが、一括審議の会社が増加傾向にある。

　ちなみに、資本金500億円超の会社では一括審議が過半数を占めている。

【準備段階 編】
シナリオ

Q11 議長は、シナリオを一字一句暗記する必要がありますか？

A11 議長は、シナリオを一字一句暗記する必要はありませんが、当日、スムーズに読み上げることができる程度の読み込みは必要です。

○ 一字一句暗記する必要はない

× 一字一句、完璧に暗記する

一字一句の暗記は必要ありませんが、ある程度は読み込んでおきましょう！

1　シナリオの読み込みの重要性

　議長は、シナリオを何度も読み込み、議長就任宣言から新役員紹介までの一連のストーリーを頭に入れておく必要があります。一字一句完璧に暗記する必要はありませんが、当日、スムーズにシナリオを読み上げることができる程度には、読み込む必要があります。

　「どうせ当日は目の前にシナリオを置いて読むのだから、事前にシナリオを読み込む必要なんてないのではないか」という考えは危険です。

　議長は、株主総会当日、全神経を集中して全体の進行や議事整理に臨機応変に対応しなければならないので、余裕をもってシナリオを読み上げることはできません。事前のシナリオ読み込みが不足すると、当日、シナリオの方に集中せざるを得なくなり、臨機応変な議事進行ができなくなり手続的間違いを犯す可能性が高くなります。

2　シナリオに対する疑問

　事前準備にて、シナリオを読んでいるときに、議長は疑問を抱くこともあるでしょう。例えば、どうしてこの場面でこのセリフを言うのか、このセリフは不要ではないか、この表現はどういう意味があるのか等といったものです。

　そのような場合、議長は躊躇せずに、随時、株主総会担当者や顧問弁護士に質問して疑問を解消する必要があります。

　また、シナリオのセリフには全て法的な意味や根拠があります。無意味なセリフはありません。したがって、株主総会当日、議長の独断で勝手にシナリオのセリフをカットしたり、日常用語に言い換えたりすると、法律的な間違いを犯すおそれがありますので、くれぐれもご注意ください。

【準備段階 編】
シナリオ

Q12 回答担当役員は、シナリオを事前に熟読する必要がありますか？

A12 回答担当役員もシナリオを事前に熟読する必要があります。

○ 回答担当役員もシナリオを事前に熟読する

× 回答担当役員は議長ではないから、シナリオを事前に熟読はしない

回答担当役員も熟読しておきましょう！

44　第2章　Q&A 役員の株主総会対策チェックポイント66

1　議長以外の役員にとってのシナリオの意味

　シナリオは議長の議事進行のためのものだから、議長以外の役員は事前に熟読する必要はないと考える方もいますが、これは間違いです。

　議長以外の役員も、議事進行の全体像（議案の採決に向けたストーリー）を把握するため、シナリオを事前に熟読する必要があります。特に回答担当役員にとっては、質疑応答の場面がどの段階でスタートするかを予め把握するためにもシナリオの事前熟読は必須です。

2　議長交代の危機への対応策

　現実問題として、議長の体調不良等により議長交代の必要が生じることがあります。その場合、通常は、定款で定めた次順位の取締役が議長となるのですが、その人が事前にシナリオを読んでいない場合には議事運営がさらに混乱することになります。

　万一の議長交代という緊急事態に備えるためにも、議長以外の役員が事前にシナリオを熟読することが必要なのです。

ワンポイントアドバイス

1　議長就任の定款規定

　株主総会の議長については、定款で、社長が就任する旨定めるのが通例である。しかし、この定款規定で定められた議長について株主が議長不信任の動議を提出することは可能である。株主総会運営に関する手続的動議である。

2　議長交代の順序

　定款で、議長に不都合があった場合の議長交代順序について規定する会社が多い。定款に定めがなければ、株主総会決議で定めることになる。

【準備段階 編】シナリオ

【準備段階 編】
想定問答集

Q13 想定問答集は、何問くらい作成しなければならないですか？

A13 想定問答集の作成は100問を目安にするとよいでしょう。

○ 想定問答集は100問程度は作成する

× 想定問答集は20問もあれば十分だ

100問が目安！

1　想定問答集の作成の必要性

　役員が、株主総会での株主の質問に対し、自分の記憶だけで常に適切な回答ができるとは限りません。大勢の株主を前にしたプレッシャーで簡単な事柄を失念したり、重要事項を言い間違えるかもしれません。

　そこで、役員が回答する際のヒントとすべく、事前に予想される質問とそれに対する回答例を作成しておく必要性が生じます。実務上は、ほとんどの会社が想定問答集を作成しています。

2　想定問答集の作成問答数

　想定問答集を作成する場合、何問くらい作成するかは、会社の資本金や株主数や事業規模等の事情によって異なります。

　資本金も事業規模も小さく、株主数が少ない会社では、発言株主数も質問数も少ないので、想定問答集の作成問答数も少なくてすみます。

　逆に、資本金が大きく株主数も多く事業規模も大きい会社では、発言株主数も質問数も多く質問内容も多岐にわたるので、想定問答集の作成問答数は必然的に多くなります。

　目安としては、100問を目途に作成するとよいでしょう。

想定問答集の作成問答数

　2010年版株主総会白書（旬刊商事法務No.1916、37頁、商事法務研究会）によると、想定問答集を用意しなかった会社はわずか2.4％で、100問用意した会社が16.2％、50問用意した会社が13.4％、200問用意した会社は13.2％、150問用意した会社は12.0％となっている。つまり、50問以上200問以下が全体の過半数を占めるということである。

【準備段階 編】
想定問答集

Q14 回答担当役員は、想定問答集を全て暗記する必要がありますか？

A14 全部を暗記する必要はありません。ポイントを押さえれば十分です。

○ ポイントを押さえれば十分だ

× 全部暗記しなくてはならない

1 想定問答集の意味

　想定問答集は、大勢の株主の面前で回答するというプレッシャーの中、役員が自己の記憶だけで常に適切な回答ができるとは限らないので、役員の回答を助けるために事前に作成しておくものです。
　つまり、想定問答集は回答のためのヒントにすぎません。

2 想定問答集の暗記の要否

　日常業務に多忙な役員が、多大な時間と労力をかけて想定問答集を丸暗記することは有害無益です。想定問答集のポイントだけを把握すれば大丈夫です。株主総会当日も、役員は、想定問答集を１つのヒントとして、自分の記憶、理解の範囲内で回答すれば十分です。それ以上の細かな事柄を追及するような質問は、多くの場合、説明義務（会社法314

条)の範囲外であり回答する必要がないからです。

3　想定問答集の弊害

　役員が、想定問答集に頼るあまり、質問に関連性のない回答例を棒読みして株主の失笑や顰蹙を買ってしまうことがよくあります。これは、想定問答集どおりの模範回答を答えなければならないという強迫観念によるミスと推察されます。

　しかし、役員の説明義務は、完璧な模範回答をしなければならないという義務ではありません。通常の株主なら理解可能な程度の回答をすれば、説明義務は尽くしたことになるのです。

　したがって、「想定問答集はあくまでも回答のためのヒントにすぎない」と割り切ることが重要です。また、想定問答集どおりの質問はまず出ないと覚悟して、あくまでも回答のためのヒントとして利用するという心構えも大切です。

　1　想定問答集の用意

　2010年版株主総会白書（旬刊商事法務No.1916、37頁、商事法務研究会）によると、約97％の会社が想定問答集を用意している。

　2　想定問答集の副次的メリット

　想定問答集の作成により、会社の各部署に様々な問題点や課題があることがわかる。このように想定問答集作成には、会社の最新の問題点、課題を浮き彫りにするというメリットがある点を忘れてはならない。

【準備段階 編】
リハーサル

Q15 リハーサルは、実施しなくてもよいですか？

A15 リハーサルは必ず実施すべきです。

○ リハーサルは必ず実施する

✕ リハーサルは実施しない

1　リハーサルの重要性

　リハーサルは必ず実施してください。リハーサルを省略してぶっつけ本番で株主総会当日を迎えると、株主総会運営にミスが生じ、適切かつ合理的な時間内での株主総会運営ができなくなる上、決議取消事由（会社法831条）が生じるおそれがあります。

　リハーサルを実施して十分なトレーニングを積むことによって、円滑な株主総会運営や議事進行の実現が可能となるのです。実務上、ほとんどの会社がリハーサルを実施しています。

2　リハーサル実施の注意点

　リハーサルの実施にあたって、注意すべき点は以下のとおりです。

① 回数は2回が理想です。1回目で判明した課題を2回目で改善して本番に臨むことになります。
② 出席者は議長、役員、総会担当者、弁護士等です。
③ 内容は進行手順の確認と質疑応答の練習が中心です。
④ リハーサルは円滑な株主総会運営確保の準備のために行うものなので、入場から退場まで本番当日と同様に行うことが重要です。

1 リハーサルの実施状況

リハーサルは法律上の義務ではないが、実務上、広く実施されている。例えば、2010年版株主総会白書（旬刊商事法務No.1916、32頁、商事法務研究会）によると、全体の約93％の会社がリハーサルを実施しており、リハーサルを実施しない会社は全体のわずか6.6％にすぎない。

2 総会決議取消事由

「総会決議取消事由」とは、株主総会招集手続または決議方法の法令・定款違反や著しい不公正、総会決議内容の定款違反等の瑕疵をいい、総会決議取消しの訴えの対象となる（会社法831条1項）。

【準備段階 編】
リハーサル

Q16 リハーサルは、何回実施すべきですか？

A16 2回実施するのが理想的です。

○ リハーサルは2回実施する

× リハーサルは1回で十分だ

1　リハーサル回数の原則論

　リハーサルは2回実施すべきです。1回目のリハーサルの結果、シナリオの読みづらい箇所、不安な点、修正点、再検討すべき点が見つかることが多々あります。それらを修正した上で、総仕上げとして2回目のリハーサルを行うのです。

　役員全員が不安なく株主総会本番当日に臨むことができるように万全を期すためにも、リハーサルは2回実施することが理想的です。ちなみに、3月決算の会社の場合、1回目のリハーサルは6月上旬に、2回目は株主総会直前に行うとよいでしょう。

2　例外

(1) 1回で足りる場合

　議長が経験十分で株主総会運営に習熟していて、しかも、株主からの厳しい質問がないと予想される場合には、全体の流れを確認するためのリハーサルを1回実施すれば十分でしょう。

(2) 3回以上必要な場合

　他方、議長が株主総会運営に不慣れな場合や、多数の株主からの厳しい質問が多数予想されるような場合には、リハーサルを3回以上実施した方がよいでしょう。この場合には、株主総会運営に精通した専門家（弁護士や証券代行等）から細かくアドバイスを受けながら、株主総会運営にミスが生じないように万全の対策を取る必要があります。

　リハーサルの内容も、株主総会手順の確認や質疑応答の練習だけで済ませることなく、修正動議や手続的動議（議長不信任等）への対応策、質疑打ち切りの練習、場合によっては退場命令の練習等も行うべきでしょう。

ワンポイントアドバイス　リハーサルの回数状況

　2010年版株主総会白書（旬刊商事法務No.1916、32頁、商事法務研究会）によると、リハーサルの回数は、1回実施が51.5％、2回実施が31.5％である。つまり、約8割の会社がリハーサルを1回ないし2回実施していることになる。ところで、0.9％の会社がリハーサルを5回以上実施していることは注目に値する。場合によっては、5回以上のリハーサルが必要だということである。

【準備段階 編】
リハーサル

Q17 リハーサルに必ず出席しなくてはならないのは誰ですか？

A17 議長、役員、総会担当者、弁護士は必ず出席すべきです。

○ 議長、役員、総会担当者、弁護士は必ず出席する

× 議長と総会担当者が出席すれば十分だ

1 リハーサルへの出席者

　議長、役員（取締役、監査役）、総会担当者、弁護士はリハーサルに必ず出席する必要があります。

　回答担当役員でない役員も、株主総会全体の進行や時間配分を事前に把握しておく必要があるので、出席すべきです。株主総会当日、回答予定のない役員が回答せざるを得ない質問が出る場合や、欠席した回答担当役員の代役を務める場合がないとは言えないからです。

2 弁護士の役割

　株主総会運営に精通した弁護士の法的助言は貴重です。株主総会運営に関して生兵法や素人判断は非常に危険なので、リハーサルではぜひとも弁護士を活用すべきです。リハーサルの質疑応答シーンでは、役員

に遠慮しがちな株主総会担当者よりも、弁護士の方が質問者役として適任です。

また、多くの場合、弁護士は株主総会当日の事務局（議長席の背後に事務局席を設置するのが通例です）に参加して、質疑応答のヒントや質疑打ち切りのタイミング等を議長に進言する役割を担っています。

3 証券代行機関の役割

証券代行機関がリハーサルに出席することもあります。証券代行機関は、他社の運用状況等を熟知しており、弁護士とは異なる観点からの専門的助言を得ることができるので、有益でしょう。

4 社員株主の出席に注意

また、社員株主がリハーサルに出席することもあります。しかし、かつての総会屋対策とは異なり、一般株主対策が重視される昨今では、社員株主が会社側に立って議事進行を必要以上に支援することは、かえってマイナスなので、注意が必要です。

ワンポイントアドバイス　弁護士のリハーサル出席

2010年版株主総会白書（旬刊商事法務No.1916、35頁、商事法務研究会）によると、リハーサル実施会社の61.9％が弁護士をリハーサルに出席させている。

【準備段階 編】
リハーサル

Q18 リハーサルの内容は、どのようなものにすべきですか？

A18 進行手順の確認と質疑応答の練習を中心とすべきです。

○ 進行手順の確認と質疑応答の練習を中心とする

× 進行手順を確認すれば十分だ

真剣にとりくみ、問題点が見つかったら検討しましょう。

1 リハーサルの内容

　リハーサルは、株主総会当日の円滑な株主総会運営を確保するための準備として行う予行演習です。したがって、本番さながらに時間を計り

56　第2章　Q&A 役員の株主総会対策チェックポイント66

ながら実施する必要があります。

　リハーサルの内容としては、①株主総会当日の進行手順の確認と、②質疑応答の練習の2つが中心となります。その他のポイント（修正動議や手続的動議への対応、退場命令の練習等）は、それぞれの会社の状況に応じて臨機応変に対応することになります。

2　進行手順の確認

　リハーサルでは、まず、シナリオに従った議事進行手順の確認が課題となります。入場シーンから退場シーンまで、本番どおりに緊張感を持って正確に練習します。その結果、シナリオの記載内容に、間違いや議長が読みづらい部分等が見つかったときは、随時、臨機応変に修正します。

3　質疑応答の練習

　次に、質疑応答の練習を行います。リハーサルにおいて、株主の質問を想定して質疑応答の練習をすることは絶対に必要です。

　質疑応答の練習の際に株主役（質問者）を務めるのは株主総会担当者よりも弁護士が適任です。役員に対する厳しい質問を本番さながらに行うことができるからです。その結果、想定問答集に修正点があれば修正します。

ワンポイントアドバイス　リハーサルの内容状況

　2010年版株主総会白書（旬刊商事法務No.1916、33頁、商事法務研究会）によると、リハーサルの準備内容について、リハーサル実施会社の99.1％が総会の進行順序の確認をしたと回答し、90.3％が質疑応答への対応をしたと回答している。

【準備段階 編】
リハーサル

Q19 リハーサルで、入退場やお辞儀の仕方まで行う必要がありますか？

A19 入退場やお辞儀の仕方まで、本番同様に行う必要があります。

○ リハーサルでは、入退場やお辞儀の仕方まで本番同様に行う

× リハーサルは質疑応答の練習だけで十分だ

入退場やお辞儀も、本番さながらにやること！

1 リハーサルの内容

　リハーサルは、株主総会当日の円滑な株主総会運営を確保するための準備として行う予行演習なので、本番さながらに時間を計って実施する必要があります。リハーサルの内容は、①株主総会当日の議事進行手順

の確認と、②質疑応答の練習の２つが中心テーマとなります。議事進行手順の確認においては、シナリオに従って議事進行を行い、入場シーンから退場シーンまで本番どおりに正確に行うことが必要です。

2　入退場やお辞儀の練習の必要性

　役員の中には、株主総会は報告事項の報告や質疑応答、議案の採決こそが重要で、入退場やお辞儀等は枝葉末節などうでもよいことではないか、と考える人がいます。

　しかし、現実問題として株主は、役員の入退場の仕方からお辞儀の仕方、回答担当役員が説明しているときの他の役員の態度等に非常に敏感に反応します。役員がバラバラに不統一な態度で入退場をしたり、議長がお辞儀をしているときに他の役員がしなかったり、回答担当役員が説明しているときに他の役員がそっぽを向いていたりすると、株主は、その会社の役員の経営姿勢自体に疑問を抱きます。些細なことかもしれませんが、その些細なことすらきちんとできない経営陣だ、というマイナスイメージを株主に与えてしまうおそれがあるのです。

　したがって、株主に悪印象を与えないためにも、リハーサルでは入退場やお辞儀の仕方に至るまで、緊張感を持って予行演習をする必要があるのです。

ワンポイントアドバイス　機器の作動状況の確認

　2010年版株主総会白書（旬刊商事法務No.1916、33頁、商事法務研究会）によると、リハーサル実施会社のうち70.1％の会社が機器の作動状況の確認をしている。今後、ビジュアル化や議長支援システムの増加に伴い、リハーサルでの機器の作動状況の確認作業は必須となろう。

【準備段階 編】
リハーサル

Q20 役員はどのような心構えでリハーサルに臨めばよいですか？

A20 リハーサルは、本番のための予行演習であり、真剣勝負さながらの緊張感を持って臨むべきです。

○ 本番同様、真剣に臨む

× 事前練習なので、リラックスして臨む

1 株主総会に対する意識の持ち方

　役員の中には、株主総会を面倒な儀式と感じている人が少なからずいるようです。大勢の株主の面前で、株主からの厳しい追及の矢面に立たされるのは、確かに気分はよくないでしょう。できれば避けたいと願うのも人情としては理解できます。

　しかし、そのような消極的な心情で総会当日を迎えると、株主総会運営にミスが生じる危険性が高くなります。

　そもそも定時株主総会は株式会社にとって最重要の年間行事であり、また、株主総会は年に一度の株主との対話の場であり、会社にとってはIRやレピュテーション向上の場として活用する絶好のチャンスでもあります。これらの事情に鑑み、役員は、株主総会に対し積極的に真剣に取り組むべきなのです。

2 リハーサルに臨むにあたっての覚悟

　株主総会を真剣に乗り切ろうと思えば、必然的にリハーサルも真剣勝負となります。

　本番でできればよいではないか、リハーサルは形式的なセレモニーにすぎない、という気持ちでリハーサルに臨むと、総会当日に取り返しのつかないミスを犯しかねません。本番で見事に株主総会運営を成し遂げるには、リハーサルで失敗を恐れずに真剣に積極的に取り組む必要があります。

　スポーツの分野では「練習で泣いて本番で笑え」と、よく言われますが、これはまさに株主総会対策にも当てはまる至言と言えるでしょう。

ワンポイントアドバイス

総会当日の役員の服装

　総会当日の役員の服装など、どうでもよい話と思われそうだが、そうでもない。確かに、社風や業種によってはカジュアルな服装が似合う場合もある。しかし、そうでない場合の方がむしろ多いのではないか。総会は株主にとって年に一度の役員との顔合わせの場である。そこに役員がわざわざ場違いな恰好で登場して株主の顰蹙を買うのは愚の骨頂である。ＩＲ活動、レピュテーション向上等の観点からみても失敗である。そこで、当日の服装は役員全員の統一方針として、スーツ（紺、グレー）、白ワイシャツ着用とするのが無難である。

【当日 編】
役員の回答方法

Q21 役員が回答する際、回答の内容や回答の態度について特に注意すべき点は何ですか？

A21 回答内容としては説明義務を尽くすこと、回答態度としては正面を向いて真摯に回答することに注意すべきです。

お答え致します

とにかく間違えないように読まなくちゃ！

説明義務を尽くし
正面を向いて真摯に
回答することに注意する

想定問答集を
間違えないように
読み上げることに注意する

1 回答内容に関する注意点

　役員の回答の際、内容面では、説明義務（詳しくはQ22参照）を尽くした回答をすることが重要課題となります。この点、回答者は、想定問答集をヒントに回答すれば、原則として説明義務を尽くしたものと考えてよいでしょう。なぜなら、想定問答集は説明義務違反のリスク回避のために作成するものだからです。
　なお、質問の冒頭の言葉だけを聞いて「想定問答集がズバリ的中し

た！」と早合点し、失敗することが往々にしてありますので、その点には注意が必要です。

2　回答の態度に関する注意点

まず重要なのは、正面を向いて真摯に回答する姿勢です。

質問の趣旨が不明瞭な場合は「ご質問のご趣旨を確認させていただきます。……ということでよろしゅうございますか」、「ただ今の株主様のご質問のご趣旨は……であると理解して、ご説明申し上げます」等のように質問内容を確認することが必要です。

また、株主は役員の一挙手一投足を注視しています。役員の態度如何によっては、株主に不快感を与え、逆に厳しい追及に発展することもあります。株主は重要なステークホルダーです。役員は常に真摯な態度で回答することが必要なのです。

役員の説明義務

法律上、取締役や監査役等の役員には、株主総会で株主から特定の事項について説明を求められた場合、原則としてそれを説明する義務が課されている（会社法314条）。ただし、説明義務が免除される場合（総会の目的事項に関しない場合等）がある（会社法314条、会社法施行規則71条）。この説明義務に違反すると、株主総会決議取消事由の可能性があり（会社法831条1項1号）、また、過料の制裁もある（会社法976条9号）。

【当日 編】
役員の回答方法

Q22 株主の質問には、必ず全て回答しなければいけませんか？

A22 必ず全て回答する必要はありません。取締役等に課される説明義務は無制限ではなく、また説明義務が免除される場合もあります。

ご回答は差し控えさせて頂きます

キッパリ

ただいまのご質問についてですが…えっと…

株主の質問に必ず全て回答する必要はない

株主の質問には必ず全て回答する

1 取締役等の説明義務の程度

　取締役等の役員には、株主総会での株主の質問について説明義務が課されています（会社法314条）。説明義務違反は決議取消事由のおそれがあるので（会社法831条1項1号）、役員にとって説明義務を尽くすことは株主総会当日の重要な課題です。

　ただし、説明義務といっても無制限ではなく限度があります。実務的には、一般的（平均的）な株主を基準として、報告事項の場合は合理的な

理解が可能な程度の説明、決議事項の場合は合理的な判断が可能な程度の説明があれば足りると解されています。

2 取締役等の説明義務の免除

　法律上、次の6つの場合には説明義務が免除されています（会社法314条、会社法施行規則71条）。
① 株主総会の目的事項に関しない場合
② 株主の共同利益を著しく害する場合
③ 説明に調査を要する場合（ただし、相当期間前に通知があったとき、調査が著しく容易なときは除く）
④ 会社その他の者の権利を侵害する場合
⑤ 実質的に同一の事項について繰り返して説明を求める場合
⑥ 正当な理由がある場合
の6つです。これらの場合には、取締役等の役員は説明を拒否することができます。
　したがって、取締役等は株主の質問には必ず全て回答しなければならないというわけではありません。

説明義務の程度

　説明義務といっても限度はある。報告事項の場合は、事業報告や計算書類に関する附属明細書（会社法435条、会社法施行規則128条、会社計算規則117条）の記載内容の程度・範囲で、一般的な株主ならば合理的に理解できる程度の説明で足りると解されている。決議事項の場合は、一般的な株主にとって議案の採否について合理的な判断が可能な程度の説明をすれば足りる。具体的には、参考書類に補足説明する程度で十分と解されている。要するに、事業報告や参考書類を補足する程度以上の詳細な説明はしなくてもよい、ということである。

【当日 編】
役員の回答方法

Q23 報告事項に関する質問に対して、回答する義務はありますか？

A23 報告事項に関する質問に対しても回答義務があります。ただし、取締役等の説明義務は無制限ではなく、また、説明義務が免除される場合もあります。

はい。
ただいまのご質問にご回答致します

ご回答は差し控えさせて頂きます！

報告事項に関する質問に対しても、回答義務がある

報告事項に関する質問に対しては、回答義務はない

1 報告事項に関する取締役等の説明義務

(1) 説明義務の程度

取締役等には、株主総会での株主の質問について説明義務が課されています（会社法314条）。この説明義務の範囲には、報告事項も含まれます。

ただし、説明義務といっても無制限ではなく限度があります。報告事項に関しては、事業報告や計算書類（貸借対照表、損益計算書等）の附

属明細書(会社法435条2項、会社法施行規則128条、会社計算規則117条)の記載内容について、一般的、平均的な株主を基準として、合理的な理解が可能な程度の説明があれば足りると解されています。

したがって、この程度を超えるような詳細な説明はする必要がありません。

(2)説明義務の免除

また、前述のとおり取締役等の説明義務は、①株主総会の目的事項に関しない場合、②株主の共同利益を著しく害する場合、③説明に調査を要する場合(ただし、相当期間前に通知があったとき、調査が著しく容易なときは除く)、④会社その他の者の権利を侵害する場合、⑤実質的に同一の事項について繰り返して説明を求める場合、⑥正当な理由がある場合の6つの場合には免除されています(会社法314条、会社法施行規則71条)。

したがって、これらの場合には、そもそも説明を拒否してもよいのです。

2　報告事項に関する説明義務違反

では、報告事項に関して説明義務違反があった場合、どうなるでしょうか。

決議事項に関する説明義務違反の場合とは異なり、報告事項に関する説明義務違反は、直ちに決議取消事由となるわけではなく、それによって一般的株主が決議事項の合理的判断ができなくなったような場合に限り決議取消事由となる可能性があります(会社法831条1項1号)。ただし、過料の制裁はあります(会社法976条9号)。

【当日 編】
役員の回答方法

Q24 決議事項に関する質問に対して、回答する義務はありますか？

A24 決議事項に関する質問に対しても回答義務があります。ただし、取締役等の説明義務は無制限ではなく、また、説明義務が免除される場合もあります。説明義務違反は決議取消事由となります。

はい。
ただいまのご質問に
ご回答致します

ご回答は
差し控えさせて
頂きます！

決議事項に関する質問に
対しても、回答義務がある

決議事項に関する質問に
対しては、回答義務はない

1 決議事項に関する取締役等の説明義務

(1) 説明義務の程度

　取締役等には、株主総会での株主の質問について説明義務が課されています(会社法314条)。決議事項は、当然この説明義務の範囲に含まれます。

　ただし、説明義務といっても無制限ではなく限度があります。決議事項に関しては、一般的、平均的な株主を基準として、議案の採否につい

て合理的な判断が可能な程度の説明(具体的には、参考書類の補足説明程度の説明)があれば足りると解されています。

したがって、この程度を超えるような、詳細な説明はする必要がありません。

(2)説明義務の免除

また、前述のとおり取締役等の説明義務は、①株主総会の目的事項に関しない場合、②株主の共同利益を著しく害する場合、③説明に調査を要する場合(ただし、相当期間前に通知があったとき、調査が著しく容易なときは除く)、④会社その他の者の権利を侵害する場合、⑤実質的に同一の事項について繰り返して説明を求める場合、⑥正当な理由がある場合の6つの場合には免除されています(会社法314条、会社法施行規則71条)。よって、これらの場合には、そもそも説明を拒否しても問題ありません。

2　決議事項に関する説明義務違反

決議事項に関して説明義務違反があった場合は、決議取消事由となるおそれがあります(会社法831条1項1号)。

なお、過料の制裁もあります(会社法976条9号)。

ワンポイントアドバイス　決議取消事由の例

会社法831条は決議取消事由として、①招集手続・決議方法の法令・定款違反または著しい不公正、②決議内容の定款違反、③特別利害関係人の議決権行使による著しく不当な決議の3つを規定する。このうち、総会当日の議事運営において特に注意が必要なのは、「決議方法の法令違反」と「決議方法の著しい不公正」の2点である。具体的には、「決議方法の法令違反」とは、説明義務違反、議決権行使の妨害、定足数不足、賛否認定の過誤、招集通知に記載なき事項の決議等であり、「決議方法の著しい不公正」とは、不公正な議事運営等である。

【当日 編】
役員の回答方法

Q25 説明義務が免除されることはありますか？

A25 総会の目的事項に関しない場合等には、説明義務が免除されるので、説明を拒否して構いません。

ご回答は差し控えさせて頂きます！

ご回答致します。えーと…その…

説明義務が免除される場合は説明を拒否してよい

説明義務が免除されることはない

1 取締役等の説明義務

　取締役等には、株主総会での株主の質問について説明義務が課されています（会社法314条本文）。

　しかし、前述のとおり①株主総会の目的事項に関しない場合、②株主の共同利益を著しく害する場合、③説明に調査を要する場合（ただし、相当期間前に通知があったとき、調査が著しく容易なときは除く）、④会社その他の者の権利を侵害する場合、⑤実質的に同一の事項について繰り

返して説明を求める場合、⑥正当な理由がある場合の6つの場合には説明義務が免除されています(会社法314条但書、会社法施行規則71条)。

2　説明義務が免除される場合の対応

したがって、このように説明義務が免除される場合には、取締役等が説明を拒否しても構いません。この場合、そもそも説明義務違反の問題は生じないので、決議取消事由も問題になりません。そのため、かつては総会屋対策として、説明義務が免除される場合には直ちに回答を拒否するというやり方が主流でした。

しかし、現在では一般株主の質問が増加しており、またIRの観点も重視されているので、かつての総会屋対策と同じような木で鼻をくくった回答拒否というやり方は好ましくありません。一般株主からの素朴な質問に対しては、たとえ株主総会の目的事項に関係のない事項であっても、親切丁寧に回答することが望ましいと言えるでしょう。

ただし、回答することによって別の弊害(企業秘密漏洩やインサイダー情報、第三者のプライバシー侵害等)が生じる場合は、回答を拒否すべきなので、注意が必要です。

ワンポイントアドバイス　一般株主の出席増加の傾向

2010年版株主総会白書(旬刊商事法務No.1916、99頁、商事法務研究会)によると、出席した一般株主の増減について、増加したと回答した会社が回答全体の37.6%もあった。もはや、説明義務免除事由に該当するからといって直ちに説明を拒否するような、かつての総会屋対策用の総会運営方法では、一般株主の理解は得られないであろう。

【当日 編】役員の回答方法

【当日 編】
役員の回答方法

Q26 議題に無関係な質問には、回答しないでもよいですか？

A26 株主総会の目的事項に関しない場合等には説明義務が免除されるので、回答する必要はありません。

議題に関係しませんのでご回答は差し控えさせて頂きます

ご回答いたします えーと…

議題に無関係な質問は回答を拒否してよい

IRの観点から回答すべきである

1 取締役等の説明義務

　前述のとおり、取締役等に課された説明義務（会社法314条本文）には例外があります。

　①株主総会の目的事項に関しない場合、②株主の共同利益を著しく害する場合、③説明に調査を要する場合（ただし、相当期間前に通知があったとき、調査が著しく容易なときは除く）、④会社その他の者の権利を侵害する場合、⑤実質的に同一の事項について繰り返して説明を求

める場合、⑥正当な理由がある場合の6つの場合には説明義務が免除されています(会社法314条但書、会社法施行規則71条)。

2 議題に無関係な質問に対する説明義務

　議題に無関係な質問は、株主総会の目的事項に関しない場合として説明義務が免除されます(会社法314条但書)。

　したがって、取締役等が説明を拒否しても説明義務違反にはならないので、決議取消事由(会社法831条1項1号)や過料の制裁(会社法976条9号)の問題は生じません。

　ただし、現在では一般株主の質問が増加しており、またIRの観点も重視されているので、かつての総会屋対策のように議題に関係ないからといって、直ちに説明を拒否するのは前問同様好ましくありません。一般株主からの素朴な質問に対しては、株主総会の目的事項に関係ない事項であっても、親切丁寧に回答することが望ましいと言えるでしょう。

　しかし、回答することによって別の弊害(企業秘密やインサイダー情報漏洩、第三者のプライバシー侵害等)が生じる場合には、当然、回答を拒否すべきですので、注意が必要です。

ワンポイントアドバイス 決議取消訴訟と裁量棄却

　総会決議に決議取消事由があるとして決議取消訴訟が提起されても、その決議取消事由が招集手続・決議方法の法令・定款違反の場合には(例えば、招集通知や参考書類の記載不備、説明義務違反等)、裁判所は、違反が重大でなく、かつ、決議に影響を及ぼさないときは請求を棄却することができる(会社法831条2項)。これを裁量棄却という。極論かもしれないが、説明を拒否して説明義務違反になるリスクと企業秘密等を暴露して代表訴訟となるリスクのどちらを選ぶか迷う場面では、裁量棄却という救済手段のある説明義務違反のリスクを選ぶのも現実的な選択肢の1つとして十分ありうるであろう。

【当日 編】
役員の回答方法

Q27 企業秘密に関する質問には、回答しないでもよいですか？

A27 企業秘密に関する質問の場合は説明義務が免除されるので、回答する必要はありません。むしろ回答すべきではありません。

「企業秘密に関する事柄ですのでご回答は差し控えさせて頂きます！」

企業秘密に関する質問には
回答すべきではない

「お答え致します」

IRの観点から
回答すべきである

1　取締役等の説明義務

　すでに述べたとおり、取締役等の説明義務（会社法314条本文）には例外があります。
　①株主総会の目的事項に関しない場合、②株主の共同利益を著しく害する場合、③説明に調査を要する場合（ただし、相当期間前に通知があったとき、調査が著しく容易なときは除く）、④会社その他の者の権利を侵害する場合、⑤実質的に同一の事項について繰り返して説明を求

める場合、⑥正当な理由がある場合の6つの場合には説明義務が免除されています（会社法314条但書、会社法施行規則71条）。

2　企業秘密に関する質問に対する説明義務

　企業秘密に関する質問は、株主の共同利益を著しく害するので、説明義務が免除されます（会社法314条但書）。

　したがって、取締役等が説明を拒否しても説明義務違反にはならないので、決議取消事由等の問題は生じません。

　それどころか、企業秘密に関しては、むしろ積極的に回答を拒否すべきです。いくら現在では一般株主の質問が増加しIRの観点が重視されているといっても、企業秘密の暴露による弊害の甚大さを考えれば、説明拒否の妥当性は明らかでしょう。

ワンポイントアドバイス

ＩR（Investor Relations）と株主総会

　近時、株主総会運営の視点が総会屋対策から一般株主対策へと変化していることに伴って、株主総会をIR活動の一環として捉える考え方が定着しつつある。IRとは要するに、投資家に対して適切、有効な企業情報を開示することである。株主総会をIR活動の一環として捉えるとは、投資家への情報発信の場として株主総会を活用しようという考えである。自社の現在の株主を対象とするSRと異なり、IRは一般投資家を対象とする。ただし、IRの発想は、株主総会の最重要課題である「議案の適法な可決」を大前提とした上でのプラスαの価値と考えるべきであって、IRを最優先課題とする株主総会運営は本末転倒であろう。

【当日 編】役員の回答方法　　75

【当日 編】
役員の回答方法

Q28 インサイダー情報に関する質問には、回答しないでもよいですか？

A28 インサイダー情報に関する質問の場合は説明義務が免除されるので、回答する必要はありません。むしろ、回答すべきではありません。

（○）ご回答は差し控えさせて頂きます
（×）ご回答致します

インサイダー情報に関する質問には回答すべきではない

IR の観点から回答すべきである

1　取締役等の説明義務

　すでに述べたとおり、取締役等の説明義務（会社法314条本文）には例外があります。

　①株主総会の目的事項に関しない場合、②株主の共同利益を著しく害する場合、③説明に調査を要する場合（ただし、相当期間前に通知があったとき、調査が著しく容易なときは除く）、④会社その他の者の権利を侵害する場合、⑤実質的に同一の事項について繰り返して説明を求

める場合、⑥正当な理由がある場合の6つの場合には説明義務が免除されています(会社法314条但書、会社法施行規則71条)。

2　インサイダー情報に関する質問に対する説明義務

　インサイダー情報に関する質問は、回答拒否が正当な事由があるとして、説明義務が免除されます(会社法314条但書、会社法施行規則71条)。したがって、取締役等が説明を拒否しても説明義務違反にはならないので、決議取消事由等の問題は生じません。

　むしろ、インサイダー情報に関しても、前問の企業秘密に関する質問同様、積極的に回答を拒否すべきです。インサイダー情報の暴露による弊害の甚大さを考えれば、一般株主の質問が増加しIRの観点が重視されているといっても、説明拒否の妥当性は明らかです。

ワンポイントアドバイス

ＳＲ(Shareholder Relations)と株主総会

　近時、株主総会運営の視点が総会屋対策から一般株主対策へと変化していることに伴い、株主総会をSR活動の一環として捉える考え方がある。SRとは要するに、株主との信頼関係を構築して理解を得るということである。株主総会を株主の信頼、理解を得る場として活用しようという発想であり、IR対策と似ている。しかし、IRが一般投資家を対象とするのに対し、SRは自社の現在の株主を対象とする点が異なる。SRの発想は、株主総会の最重要課題である「議案の適法な可決」を大前提とした上でのプラスαの価値であると考えるべきであって、株主総会運営においてSRを第一目標とすることは本末転倒であろう。

【当日 編】役員の回答方法

【当日 編】
役員の回答方法

Q29 調査が必要な事項を聞かれたら、どうすればよいですか？

A29 原則として説明義務が免除され、回答を拒否することができます。

○：ご回答は差し控えさせて頂きます
調査が必要な事項は、回答を拒否することができる

×：調査してお答え致します
調査が必要な事項は、IRの観点から調査して回答すべきだ

1 取締役等の説明義務

　すでに述べたとおり、取締役等の説明義務（会社法314条本文）には例外があります。
　①株主総会の目的事項に関しない場合、②株主の共同利益を著しく害する場合、③説明に調査を要する場合（ただし、相当期間前に通知があったとき、調査が著しく容易なときは除く）、④会社その他の者の権利を侵害する場合、⑤実質的に同一の事項について繰り返して説明を求

める場合、⑥正当な理由がある場合の6つの場合には説明義務が免除されています(会社法314条但書、会社法施行規則71条)。

2　調査が必要な場合の説明義務

　説明に調査が必要な場合は説明義務が免除されるので(会社法314条但書、会社法施行規則71条1号)、原則として取締役等は説明を拒否することができます。

　ただし、株主が総会当日より相当期間前に会社に通知した場合(会社法施行規則71条1号イ)、調査が著しく容易な場合(会社法施行規則71条1号ロ)には説明義務は免除されていないので、注意が必要です。

3　事前質問があった場合の対応

　では、株主からの事前質問があった場合、どうしたらよいでしょうか。この場合は、取締役等は、調査が必要という理由では説明を拒否することができません。

　そこで、実務上は、株主からの事前質問があった場合の対策として総会前に事前に回答を準備しておいて、株主総会当日は株主からの質問がなされる前に、事前質問に対する回答を一括して行うやり方が主流となっています。

ワンポイントアドバイス

事前質問状が来る可能性

　2010年版株主総会白書(旬刊商事法務No.1916、106頁、商事法務研究会)によると、書面による事前質問がなかった会社が回答全体の91.5%だったが、書面による事前質問があったと回答した会社156社のうち、一括回答で対処した会社が92社もあった。つまり、事前質問状が来る可能性は高くはないがもし来たら一括回答で対応するのが常道と言える。

【当日 編】
役員の回答方法

Q30 法律に関する詳細な解釈論を質問されたら、どう回答すればよいですか？

A30 法律の解釈論に関する質問には、回答を拒否することができます。

法律論にわたりますので、ご回答は差し控えさせて頂きます

ご回答致します。えーと…

法律の解釈論は回答を拒否することができる

法律の解釈論は説明義務があるから回答すべきだ

1　取締役等の説明義務

　すでに述べたとおり、取締役等の説明義務（会社法314条本文）には例外があります。

　①株主総会の目的事項に関しない場合、②株主の共同利益を著しく害する場合、③説明に調査を要する場合（ただし、相当期間前に通知があったとき、調査が著しく容易なときは除く）、④会社その他の者の権利を侵害する場合、⑤実質的に同一の事項について繰り返して説明を求

める場合、⑥正当な理由がある場合の6つの場合には説明義務が免除されています(会社法314条但書、会社法施行規則71条)。

2　法律の解釈論に関する質問に対する説明義務

　法律の解釈論に関する質問は、株主総会の目的事項に関しないものとして説明義務が免除されます(会社法314条但書)。取締役等は法律の専門家ではないので、法律の解釈論を説明する義務がないのは当然のことです。

　実務的には、「ただ今のご質問は、法律の解釈論に関するご質問であり、総会の目的事項に関係しませんので、回答は差し控えさせて頂きます」等の表現で、回答を拒否するとよいでしょう。

レピュテーション向上と株主総会

　近時、株主総会運営の視点が総会屋対策から一般株主対策へと変化している。それに伴い、株主総会をレピュテーション向上の場として捉える考え方が定着しつつある。レピュテーション(Reputation)とは評判を意味し、レピュテーション向上とは要するに、自社の評判をアップしようということである。株主総会をレピュテーション向上の場として捉えるとは、株主総会の場を利用して自社の評判をアップさせようという発想である。ただし、これはあくまでも総会の最重要課題が「議案の適法な可決」にあるという点を大前提とした上でのプラスαの価値として考えたい。株主総会運営においてレピュテーション向上を最優先することは本末転倒であろう。

【当日 編】
役員の回答方法

Q31 株主から「今後の業績向上を約束せよ」と言われたら、どうすればよいですか？

A31 約束してはいけません。ただし、「お約束はできませんが、役員一同、業績向上に努力する所存です」程度の回答はすべきです。

○ 努力する所存です
将来の不確実な事柄を約束してはならない

× はい！お約束致します
リップサービス程度の約束であれば構わない

1　取締役等の説明義務

　すでに述べたとおり、取締役等の説明義務（会社法314条本文）には例外があります。

　①株主総会の目的事項に関しない場合、②株主の共同利益を著しく害する場合、③説明に調査を要する場合（ただし、相当期間前に通知があったとき、調査が著しく容易なときは除く）、④会社その他の者の権利を侵害する場合、⑤実質的に同一の事項について繰り返して説明を求

める場合、⑥正当な理由がある場合の6つの場合には説明義務が免除されています(会社法314条但書、会社法施行規則71条)。

2 将来の事柄と説明義務

　現実の株主総会では、株主から将来の業績の見通しや、株価の動向、経営体制の再編の見込み、会社運営方法の変更の見込み等の将来の事柄に関する質問がなされることがよくあります。中には、役員に将来の約束をさせようと迫る株主もいます。

　このような将来の事柄に関する質問に対しては、断定的、確定的な回答は絶対にしてはなりません。なぜなら、そもそも将来に関する事柄は、株主総会の目的事項に関しないので説明義務が免除されると考えられるからです(会社法314条但書)。しかも、将来の事柄は予測に基づく推論でしか回答できないものなので、もし確定的な回答をして後日予測が外れた場合には責任問題に発展しかねません。

　したがって、将来の事柄に関する質問に対しては、原則として説明を拒否し、例外として一般的、抽象的に概略を説明する程度にとどめる、という方針を取るべきです。将来の事柄について、役員が約束することは絶対に避けるべきです。

　例えば、株主から「今後の業績向上を約束してほしい」と言われた場合には、「将来のことですので、お約束はできませんが、役員一同、業績向上に努力する所存ですので、ご理解賜りたく何卒よろしくお願い申し上げます」程度の回答にとどめるべきでしょう。

　リップサービスならいいだろうと、気楽に「お約束致します」と言ってしまうと、後で責任問題に発展しますので、くれぐれもご注意ください。

【当日 編】
役員の回答方法

Q32 想定問答集に書いていないことを聞かれたら、どうすればよいですか？

A32 基本的には説明義務の範囲外と考えてよいですが、担当役員が簡単に説明できる事項ならば、説明する方が望ましいでしょう。

簡単に説明すればOK

お答え致します

想定問答集にはなかったけど答えなきゃ…

えっと…

想定問答集に記載のない事項は、わかる範囲で簡単に説明すればよい

沈黙を避けるため、思いつくまま回答してお茶を濁す

1 取締役等の説明義務

　すでに述べたとおり、取締役等の説明義務（会社法314条本文）には例外があります。①株主総会の目的事項に関しない場合、②株主の共同利益を著しく害する場合、③説明に調査を要する場合（ただし、相当期間前に通知があったとき、調査が著しく容易なときは除く）、④会社その他の者の権利を侵害する場合、⑤実質的に同一の事項について繰り返して説明を求める場合、⑥正当な理由がある場合の６つの場合には説明義

務が免除されています(会社法314条但書、会社法施行規則71条)。

2　想定問答集に記載のない事項の質問と説明義務

　想定問答集は、事前に株主総会での株主の質問を具体的に想定して、説明義務違反にならないように十分に配慮されて作成されます。したがって、想定問答集に記載のない事項は、事前準備段階において説明義務の範囲内として評価されなかった事柄とも言えるので、基本的には、説明義務の範囲外と考えてもよいでしょう。

　ただし、その場合でも、議長や担当役員が簡単に説明できるのであれば、IRの観点からも説明した方が好ましいでしょう。

　他方、想定問答集に記載がなくても説明義務の範囲内の事柄も当然あります。その場合は、議長や担当役員が把握している範囲内で説明すれば十分です。

　なお、想定問答集に記載なき事項について説明する場合、企業秘密や第三者のプライバシー侵害等の問題に抵触しないよう慎重に判断する必要があります。

ワンポイントアドバイス　想定問答集の的中率

　2010年版株主総会白書(旬刊商事法務No.1916、109頁、商事法務研究会)によると、全ての質問が想定問答集にあった会社は回答全体の11.6％、大半の質問があった会社は30.1％、半数近くがあった会社が12.9％となっている。想定問答集の的中率は、かなり高い。

【当日 編】
役員の回答方法

Q33 想定問答集にはないが熟知している事柄は、回答してよいですか？

A33 企業秘密や第三者のプライバシー侵害の問題がなければ、回答してよいでしょう。

○ ご回答致します
企業秘密の暴露等の問題がない限り、回答してよい

× ご回答は差し控えさせて頂きます！
想定問答集に記載がない以上、回答を拒否すべきだ

1 想定問答集に記載のない事項と説明義務

　想定問答集は、事前に、株主総会での株主の質問を具体的に想定して、説明義務違反にならないよう十分に配慮して作成されます。したがって、想定問答集に記載のない事項は、事前準備段階において説明義務の範囲内として評価されなかったと言えます。基本的には、想定問答集に記載なき事項は説明義務の範囲外と考えてもよいでしょう。

2　役員が熟知している場合は説明してよいか

　もっとも、説明義務の範囲外の事柄であっても、説明してはならないというわけではありません。したがって、役員が当該事項について熟知していて、簡単に説明することができる場合であれば、IRの観点や株主重視の視点から、説明をすることが望ましい場合が多いでしょう。

　しかし、その説明をすることによって、例えば、水面下で進めているM&A交渉といった企業秘密の暴露や、第三者のプライバシー侵害等の別の問題が生じるおそれのある場合には、説明を拒否すべきです。

> **ワンポイントアドバイス**
>
> **議決権個数の報告ミスへの対応**
>
> 　議決権の個数の報告は総会開始直後に行うのが通例である。その際、集計ミス、計算間違い、転記ミス、読み間違え等によって誤った数字を報告してしまうことがある。そんなことはありえないと思われるかもしれないが、現実に筆者も体験している。
>
> 　報告ミスに気付いたら速やかに議長に知らせて議長が訂正すればよい。議長は動揺せずに平然として「さきほどご報告申し上げました議決権の個数ですが○○○○個が正しいので訂正します」、「さきほどの議決権個数の報告に間違えがありましたので訂正します。正しくは○○○○個でございます」と訂正すれば問題ない。

【当日 編】
役員の回答方法

Q34 まったくわからない質問に対しては、どのように回答すべきですか？

A34 基本的には説明義務がないことが多いので、回答を拒否してもよいでしょう。

ご回答は差し控えさせて頂きます

回答を拒否してもよい

えーと…つまり…

関連がありそうなことは何でも説明する

1 想定問答集に記載のない事項と説明義務

　前述どおり、想定問答集は、事前に株主総会での株主の質問を具体的に想定して、説明義務違反にならないように十分配慮して作成されています。

　したがって、ここに記載のない事項は、事前準備段階において説明義務の範囲内と評価されなかったものと考えてもよいので、基本的には、想定問答集に記載のない事項は説明義務の範囲外と考えてもよいでしょう。

2　まったくわからない質問と説明義務

　想定問答集にも書いておらず、担当役員にもまったくわからない質問というのは、通常は、説明義務の範囲外の事柄と考えてもよいでしょう。

　なぜなら、事前に説明義務違反にならないように準備した想定問答集に記載されていないということは、事前準備段階で説明義務の範囲外と判断された可能性が高いからです。また、担当役員がまったくわからないような事柄は、一般の平均的株主が報告事項や決議事項を合理的に判断するための情報として必要とは言えないからです。

　したがって、担当役員がまったくわからない質問に対しては、回答を拒否するのが妥当でしょう。説明拒否の根拠としては、株主総会の目的事項に関係がない、あるいは調査必要という点に該当すると考えることができます。

> **ワンポイントアドバイス**
>
> **開始時間の変更の可否**
>
> 　総会の開始時間を早めることはできない。招集通知に開始時刻を明記した以上はそれを厳守すべきである。定刻より早い開会は、定刻に開会すると信じて来場した株主の権利を侵害する可能性がある。逆に、開始時間を遅らせることは許容される場合もある（例えば、公共交通機関の遅延等の合理的な根拠がある場合）。

【当日 編】
役員の回答方法

Q35 株主が納得しない場合、納得するまで説明する必要がありますか？

A35 株主が納得するまで説明する必要はありません。

以上で説明を終えさせて頂きます

えーと…ですから、つまり…

株主が納得するまで説明する義務はない

株主が納得するまで説明するのが役員の説明義務だ

1 説明義務の程度

　前述のとおり、取締役等の説明義務には限度があります。報告事項であれば、事業報告や計算書類に関する附属明細書（会社法435条、会社法施行規則128条、会社計算規則117条）の記載内容の程度・範囲で、一般的な株主ならば合理的に理解できる程度の説明で足りるとされています。
　また、決議事項の場合は、一般的な株主にとって議案の採否について合理的な判断が可能な程度の説明をすれば足りる、具体的には参考書類

に補足説明する程度で十分と解されています。

　つまり、一般的、平均的な株主が合理的理解や合理的判断をすることが可能な程度の説明をすれば、説明義務は尽くしたことになるのです。

　したがって、たとえ株主が納得しなくても、それ以上の説明は不要であり、説明を打ち切って構いません。

2　株主が納得しない場合の対応策

　すでに説明義務を尽くした以上、たとえ株主が納得しない場合であっても、説明を打ち切って構いません。その根拠は、説明義務を尽くした、あるいは繰り返しの質問であるため、説明義務は免除されている等とすることができます。

　そこで、議長としては、例えば「すでにご説明したとおりですので、ご了解ください」とか「繰り返しになりますので、これ以上のご説明は不要と考えます」等のセリフをもって説明を打ち切ることになります。

ワンポイントアドバイス

議長と主たる回答者の分担の有無

　2010年版株主総会白書（旬刊商事法務No.1916、85頁、商事法務研究会）によると、議長と主たる回答者の分担の有無について、否定した会社が回答全体の46.1％、肯定した会社が33.2％となっている。どちらでもよいので、事前に方針を決定して十分に準備することが大切である。

【当日 編】
役員の回答方法

Q36 自分が回答しない間は、どのような態度でいたらよいですか？

A36 真剣な態度で質疑応答に耳を傾けるべきです。

真剣な態度で質疑応答に耳を傾ける

次の回答の出番が来るまで一息つく

1 回答者の事前決定の必要性

　株主の質問に対して、誰が回答するのか。これを議事進行中に議長がいちいち検討していると、議事が遅延し混乱してしまいます。どの質問に誰が回答するかという方針は事前に決めておくべきです。

　主として議長が回答する、或いは議長は回答せずに議長に指名された担当取締役が回答する等のやり方があります。どちらでもよいので、事前に決めておくことが重要です。

2　回答のない間の回答担当役員の態度

　議長の指名に基づき担当役員が回答する方針を採用した場合、他の役員が回答している間、出番のない回答担当役員はどのような態度でいたらよいでしょうか。

　もしも、「自分の出番が来るまで一休み」等という態度をとっていると、株主から顰蹙を買います。株主は、誰が回答担当役員かなどということはわからないので、出席している役員全員について同じようにチェックしています。自分の出番がないからといって、役員が緊張感のない態度をとると、株主は敏感に察知し、「不真面目だ」、「株主を馬鹿にしている」と感じます。役員は、そのような事態はぜひとも回避すべきです。

　株主から反感を買ってしまっては、会社にとってマイナスです。出番のない回答担当役員は、他の役員の質疑応答に真剣に耳を傾ける姿勢を示すべきです。

3　回答担当役員でない役員の態度

　もともと回答予定のない役員の場合も同様です。

　自分は関係ないと思っていると、自然に態度に表れます。株主にとっては、役員は全員説明義務のある同じ立場であると見ています。その中で、自分は無関係だという態度の者が1人でもいると、やる気のない様子が目立ちます。

　回答担当役員でない役員こそ、最初から最後まで、緊張感のある態度をとり続け、やる気を見せるべきでしょう。

【当日 編】
役員の回答方法

Q37 監査役には説明する義務がありますか？

A37 監査役にも説明義務があります。

○ 監査役にも説明義務がある！

× 監査役は取締役ではないので、説明義務はない

> 監査役の○○でございます。監査に関するご質問ですので、私の方からご回答申し上げます

1 監査役の説明義務の有無

　法律上、取締役と同様に、監査役にも説明義務が課されています（会社法314条）。ただし、監査役と取締役の地位、職務の違いに対応して、監査役の説明義務の内容は取締役の説明義務の内容とは少々異なっています。

2　監査役の説明義務の内容

　監査役の説明義務は、監査業務に関する事柄を対象とします。つまり、監査役は、監査報告の内容について説明義務を負い、説明の程度は監査報告書を補足する程度で足りると解されています。

　なお、監査役は議案の提案者ではないので、原則として議案についての説明義務はありません。

3　説明の担当者

　監査役は、各自独立して説明義務を負います。ただし、監査役会設置会社において監査役全員が同じ意見の場合には、監査役会決議によって説明担当者を定めることは可能であると解されています。

1　監査役の説明義務

　会社法314条本文は「取締役、会計参与、監査役及び執行役は、株主総会において、株主から特定の事項について説明を求められた場合には、当該事項について必要な説明をしなければならない」と規定し、監査役にも説明義務を課している。

2　監査役に対する質問の有無

　2010年版株主総会白書(旬刊商事法務No.1916、108頁、商事法務研究会)によると、監査役に対する質問の有無について、質問なしの会社が回答全体の93.1％となっている。実務上、監査役は、監査報告の内容を把握しておけば十分に対応可能であろう。

【当日 編】
役員の回答方法

Q38 議長に事故があったら、どうしたらよいですか？

A38 議長に事故があった場合、定款で予め定めた順序に従い他の取締役が議長となります。

○ 議長に事故があった場合は定款で定めた順序に従い、他の取締役が議長となる

× 総会開始後に議長に事故があった場合は、必ず総会で議長を選任する

1 議長の事故と定款規定

　議長に事故があった場合、つまり、何らかのトラブルが生じ、議長を務めることが困難になった場合はどうすればよいでしょうか。

　通常は、定款に「第○条　1、株主総会は、社長が議長となる。2、社長に事故があるときは、取締役会においてあらかじめ定めた順序に従い、他の取締役が議長となる」等と定めて万一の事態に備えています。

　ここでいう「事故」には、死亡、病気入院、交通事故や災害等により物理的に総会に出席できない場合や、自主的に株主総会を欠席する場合だけでなく議長不信任動議が可決された場合も含むと解されています。このような定款の定めがない場合には、会議体の一般原則に従って、株主総会で議長を選任することになります。

2　株主総会開始前に議長に事故があった場合

　株主総会開始前に議長に事故(急病、鉄道事故等による遅刻等)が生じることがあります。そのような場合、定款の規定に従って次順位の議長候補者が議長として株主総会に臨むことになります。

　実務上は、総会冒頭の議長就任宣言の際に、「本日は社長が急病のため欠席ですので、定款第〇条に従い私が議長を務めさせていただきます」等のセリフを述べるとよいでしょう。

3　株主総会開始後に議長に事故があった場合

　株主総会開始後に議長が体調不良等により議事進行が困難となる場合があります。

　その場合、次順位の議長候補者は、予期せぬ出来事に狼狽することなく速やかに、「議長に事故がありましたので、定款第〇条に従い私が議長を務めさせていただきます」等のセリフを述べて議長を途中交代すべきです。

> **ワンポイントアドバイス**
>
> **議長不信任動議の可決と定款の議長交代規定**
>
> 　議長不信任動議が可決されると定款の順位に従って議長が交代する。しかし、交代した議長について順次、不信任動議が可決されると、定款で定めた議長候補者全員が不信任になるおそれがある。そうならないためにも、手続的動議を含めた委任状を活用して、議長不信任動議は是非とも否決したい。

【当日 編】
役員の回答方法

Q39 事前質問があった場合、どのように対応すべきですか？

A39 株主総会前に回答を準備し、総会当日は一括回答すべきです。

○ 事前質問には事前に準備して一括回答すべきだ

× 事前質問があっても、当日の他の質問と同様に回答すれば十分だ

1 事前質問状

　株主から株主総会日前に質問状が届くことがあります。これを事前質問状といいます。株主総会当日に、この事前質問状の内容に対して「調査が必要だ」という理由で説明を拒否することはできません（会社法施行規則71条1号イ）。

　そこで、実務上は、株主総会前に事前質問状の内容を十分に検討して回答を準備しておき、株主総会当日は株主からの質問の前に、準備した回答を一括して回答する、というやり方が主流となっています。

2 一括回答のメリット

　一括回答のやり方は、一度説明をしておけば、株主から一括回答の内容について質問が繰り返されても、すでに説明済みであるという対応を

することが可能となります。また、一括回答をすることによって、総会屋等の特殊株主が膨大な数の質問をして株主総会を混乱させることを未然に防止することもできます。

3 シナリオの整備

　このように、事前質問状があった場合、一括回答によって対応しますが、そのためには、シナリオに一括回答の場面とセリフを事前に記載しておく必要があります。

　なお、当日、事前質問状を提出した株主が出席するか否かで、一括回答をするか否かを判断するという方法もあります。しかし、当該株主の出欠を間違うと説明義務違反の問題になります。また、当該株主が欠席した場合に一括回答をしてはいけない理屈はありません。したがって、事前質問状を提出した株主の出欠に関わらず、シナリオの予定どおり一括回答することが適切な対応です。

ワンポイントアドバイス

事前質問状に対する一括回答状況

　2010年版株主総会白書（旬刊商事法務No.1916、106頁、商事法務研究会）によると、書面で事前に質問があったと回答した会社156社のうち、一括回答で対応した会社が92社を占めている。やはり、一括回答をお薦めする。

【当日 編】
役員の回答方法

Q40 株主が同じ質問を長時間繰り返したら、どうすればよいですか？

A40 説明義務が免除となるので、回答を拒否することができます。

繰り返しとなりますので、ご回答を差し控えさせて頂きます

先程もお答え致しましたが、それはですね…

同じ質問の繰り返しには、回答を拒否することができる

同じ質問の繰り返しでも、株主が納得するまで説明を続けなければならない

1 説明義務の免除

　前述のとおり、取締役等の説明義務は次の6つの場合に免除されています（会社法314条但書、会社法施行規則71条）。①株主総会の目的事項に関しない場合、②株主の共同利益を著しく害する場合、③説明に調査を要する場合（ただし、相当期間前に通知があったとき、調査が著しく容易なときは除く）、④会社その他の者の権利を侵害する場合、⑤実質的に同一の事項について繰り返して説明を求める場合、⑥正当な理由が

ある場合等です。

2　同じ質問を長時間繰り返す場合

　株主が同じ質問を長時間繰り返す場合は、上記の説明義務が免除されるケースの⑤「実質的に同一の事項について繰り返して説明を求める場合」に該当するので、説明義務が免除されます。したがって、この場合には、説明義務なしとして回答を拒否することができます。説明義務といっても、同じ質問を繰り返している株主が個人的な納得を得られるまで説明する義務はないのです。

　もっとも、役員の回答のピントがズレていて説明義務を尽くしていないために、株主が同じ質問を繰り返しているような場合は話が別で、その場合に回答を拒否すると説明義務違反となるので、注意してください。

回答を拒否するセリフ

　株主が同じ質問を長時間繰り返した場合に回答を拒否するとき、例えば「ただ今のご質問は、先程からのご質問と実質的に同一の事項についての繰り返しとなりますので、回答の方も先程からご説明申し上げているとおりとさせて頂きます」、「ただ今のご質問は、先程からのご質問と実質的に同一の事項についての繰り返しとなりますので、回答は差し控えさせて頂きます」等のセリフを用意しておくと便利である。

【当日 編】
議長の議事進行

Q41 株主総会における議長の役割は何ですか？

A41 秩序維持権や議事整理権を行使し、円滑公正な議事運営を実現することによって、株主総会の目的事項(報告事項の報告、決議事項の採決)を達成することです。

○ 議長は、株主総会の目的事項を達成するという役割を担っている

× 議長は単なる司会役である

株主総会の円滑な進行は、議長の腕次第！

1 議長の権限

　株主総会の議長は、株主総会の秩序を維持し、議事を整理する権限を有しています(会社法315条1項)。さらに議長は、命令に従わない者

や、その他株主総会の秩序を乱す者を退場させることもできます（会社法315条2項）。

　この秩序維持権や議事整理権は、円滑公正な議事運営の実現という議長の職務を全うするために認められたものです。議長は単なる儀式の司会役ではないのです。

2　議長の役割

　このように、議長は、秩序維持権や議事整理権を駆使して円滑公正な議事運営を実現するという役割を担っています。議長がこの役割を全うすることによって、ひいては報告事項の報告や決議事項の採決という総会の目的事項が適法に達成されることが可能となるのです。

　つまり、適法に株主総会の目的事項を達成するためには、議長による円滑公正な議事運営が必要であり、そのための武器として議長には秩序維持権や議事整理権が法律上付与されているのです。

ワンポイントアドバイス　要は議長の腕次第

　株主総会の最重要課題は何か。一言で言えば、決議事項の採決ということに尽きる。そのためには、議長が主体的かつ積極的に、円滑公正な議事運営の実現に努力することが絶対に必要である。したがって、議長は秩序維持権や議事整理権を毅然として行使しなければならない。議長の判断や態度が曖昧だと、議事が混乱し秩序が乱れ、決議事項の採決に手続的瑕疵が生じかねない。つまり、株主総会が適法に無事に終了するか否かは、議長の腕次第ということである。

【当日 編】
議長の議事進行

Q42 円滑公正な議事運営の確保のために、議長がとるべき具体的な方針は何ですか？

A42 適法な審議と合理的な進行の2点です。

○ 大切なのは、適法な審議と合理的な進行だ

× 大切なのは、予定時間内に終了させることである

1 議長の権限、役割

すでに述べたとおり、議長は秩序維持権や議事整理権（会社法315条）を駆使して円滑公正な議事運営を実現することによって、株主総会の目的事項（報告事項の報告や決議事項の採決）を適法に達成するという役割を担っています。

しかし、「円滑公正な議事運営の実現」では、少々漠然としているので、実務的にはもう少し具体的な方針が必要となります。

2 円滑公正な議事運営のための基本方針

(1) 適法な審議

まず第1の基本方針は、適法に審議を行うことです。

例えば、説明義務違反（会社法314条）、議決権行使の妨害、賛否認定

の間違い等があると、決議方法の法令違反として決議取消事由(会社法831条1項1号)に該当してしまいます。そこで議長は、そうならないように適法に審議を行う必要があるのです。

(2) 合理的な進行

第2の基本方針は、合理的に進行することです。

議長が、不必要な議論や無意味な発言を放置した結果、秩序が混乱して総会が長時間になってしまうことは、大多数の株主にとってはた迷惑なことです。会社にとっても、予定時間を超過した長時間の総会は、その後の段取り(取締役会等)を狂わせます。それどころか、混乱した挙句、適法な決議事項の採決という株主総会の最重要課題が達成できないおそれもあります。

そこで議長は、秩序維持権や議事整理権を活用して合理的な時間内での効率的な議事運営に努力する必要があるのです。

ワンポイントアドバイス 株主総会の所要時間

2010年版株主総会白書(旬刊商事法務No.1916、83頁、商事法務研究会)によると、株主総会の所要時間は、最多は60分超90分以下の会社(16.4%)となっている。実務上、不祥事や懸案議題があって議論の紛糾が予想される場合は別として、通常は2時間以内を目安として議事進行すれば十分であろう。

【当日 編】
議長の議事進行

Q43 議長がシナリオを読み飛ばした場合、どうしたらよいですか？

A43 議長自身が読み飛ばしに気づいたら、その部分を冷静に読み直せばよく、議長が気づいておらず、事務局や他の取締役等が気づいた場合は、議長にその旨指摘し、議長は指摘された箇所を読み直せば大丈夫です。

○ 読み飛ばした部分を読み直せばよい

× 読み飛ばした部分は無視してシナリオをそのまま読み続ける

議長の読み飛ばしに気づいたら事務局が知らせましょう。

1　シナリオの読み飛ばし

　まさか！と思われるかもしれませんが、議長がシナリオの頁を間違って読んだり、同じ頁の中で読むべき箇所を数行飛ばして読んだりするアクシデントは意外とよくあります。では、途中で読み飛ばしに気づいた場合、どうすべきでしょうか。

　シナリオの内容は、決議取消事由(会社法831条)が生じることのないように、総会議事進行上不可欠な事項を記載したものです。したがって、読み飛ばした部分をそのままにして総会が終了すると、決議取消事由となるおそれがあります。そこで、途中で読み飛ばしに気づいたら、必ずその部分を読み直してフォローする必要があります。

2　読み飛ばし部分のフォローの方法

　議長自身が読み飛ばしに気づいた場合、一瞬ヒヤッとするでしょうが、一呼吸置いて冷静になってから「ところで、○○についてですが、この点については…」等と発言して、読み飛ばした部分を読めば大丈夫です。株主はシナリオを見ていないのですから、読み飛ばしたかどうか等全くわかりません。

　しかし、議長は目の前のシナリオを読むのに精一杯で、自分のミスには気づかないのが通常です。では、議長が気づかないときは、読み飛ばしに気づいた人がすぐに議長に知らせるしかありません。議長席から離れた席の人が大声で指摘等をしては、ミスが議場に知れ渡ってしまいますので通常は、議長席の後ろに待機している事務局スタッフ(顧問弁護士を含む)が議長にそっと知らせているようです。

ワンポイントアドバイス

シナリオ熟読の重要性

　シナリオの読み飛ばしは、議長自身はまず気づかない。したがって、議長以外の取締役や監査役(特に回答予定のない者)、事務局スタッフ(顧問弁護士を含む)が、事前にシナリオを熟読して議長の読み飛ばしに備えるしかない。その意味でも、関係者のシナリオ熟読は絶対に必要である。

【当日 編】
議長の議事進行

Q44 取締役が欠席した場合、どうしたらよいですか？

A44 取締役が欠席した場合、株主総会手続上は開会宣言直後にその旨発表するとよいでしょう。株主総会当日、回答担当役員が突然欠席した場合に備えて、事前に対応策を講じておく必要があります。

○ 取締役が欠席した場合、開会宣言直後にそのことを発表する

× 取締役が欠席しても回答担当でなければ発表する必要はない

○○は……により出席しておりませんがご了解ください

1 取締役の欠席

　取締役には説明義務（会社法314条）があるものの、必ずしも取締役全員が株主総会に出席する義務はないと考えられています。とはいえ、取締役には忠実義務（会社法355条）があるので、極力出席すべきであるこ

とは当然です。しかし、現実問題として取締役が株主総会を欠席せざるを得ないことはよくあります。その場合、株主総会手続的には、開会宣言の直後に「○○取締役は、所用により（……により）本日は出席しておりませんが、ご了解ください」と一言触れるべきでしょう。欠席者が回答担当役員か否かに関わらず発表しましょう。

2　株主総会当日、回答担当役員が急病で突然欠席した場合

　取締役の欠席が事前にわかっている場合（他社の役員兼任の場合に他社総会に出席するため等）、特に問題は生じないでしょう。しかし、出席予定だった回答担当の取締役が当日急病で欠席するような場合には、誰が回答担当の代役をするかが緊急課題となります。そうした事態に備えるために、事前に対策を講じておくことが必要です。

　例えば、「A取締役欠席の場合は、議長が回答する」、とか、「B取締役が欠席の場合はC取締役が回答担当者となる」等、バリエーションを検討して、考えましょう。

ワンポイントアドバイス

1　取締役の株主総会出席状況

　2010年版株主総会白書（旬刊商事法務No.1916、100頁、商事法務研究会）によると、取締役が総会を欠席した会社が回答全体の約15％、他社株主総会出席による欠席が回答全体の5.2％、病気欠席が回答全体の3.3％もある。取締役の株主総会欠席は、決して珍しいことではない。

2　交通機関の混乱による遅刻、欠席

　株主総会当日に交通機関の混乱（交通渋滞、ダイヤ混乱等）によって役員が遅刻、欠席となる事態を回避するために、議長や回答担当取締役、常勤監査役等は、前夜、株主総会会場付近のホテル等に宿泊することを検討すべきであろう。

【当日 編】
議長の議事進行

Q45 議長が当日欠席した場合、どうしたらよいですか?

A45 議長が当日欠席した場合、定款で予め定めた順序に従って他の取締役が議長となります。株主総会手続上は、議長就任宣言で触れるとよいでしょう。議長候補者の取締役の事前準備が大切です。

○ 議長欠席の場合、定款で予め定めた順序に従い他の取締役が議長となる

× 議長欠席の場合、必ず総会で議長を選任しなければならない

　　定款第○条に従い、私が議長を務めさせて頂きます

1　議長の欠席

　株主総会当日に議長が欠席することは、めったにないことですが、急病等で欠席することがないとは言えません。通常の場合、定款に「第○条　1、株主総会は、社長が議長となる。2、社長に事故があるときは、取締役会において予め定めた順序に従い、他の取締役が議長となる」等

110　第2章　Q&A 役員の株主総会対策チェックポイント66

と定めておき、万一の事態に備えています。そのような定款の規定がなくても、理論上は、会議体の一般原則によって総会で議長を選任することが可能ですが、手続の煩雑さや混乱を回避するためにも、定款で議長について規定しておくべきです。

2　総会手続上の対応方法

議長欠席の場合、定款の規定に従って急遽議長となった取締役は、株主総会冒頭の議長就任宣言の際に「本日は社長が急病のため欠席ですので、定款第〇条に従い私が議長を務めさせて頂きます」等と宣言すれば問題ありません。

他の取締役にも欠席者がいた場合には、開会宣言直後に「社長の〇〇は急病のため、〇〇取締役は所用により本日は出席しておりませんが、ご了解ください」と併せて説明するとよいでしょう。

3　議長候補者の事前準備

議長が急病により当日突然欠席となった場合、次順位の議長候補者が何の準備もしていないと、株主総会は混乱し円滑な運営ができないおそれがあります。議長になる可能性のある取締役は、自分が議長となったつもりでリハーサル等の準備をすることが大切です。

> **ワンポイントアドバイス**
>
> ### 議長の急病（前日のケース、株主総会途中のケース）
>
> 株主総会前日に社長が急病になり、当日の出席が危ぶまれたため、急遽、副社長が議長役となるべく前日から必死に準備して備えていたところ、当日、社長が無事に議長役を務めて事なきを得たケース、株主総会当日の議事進行中に議長が突然急病となり定款規定に基づき議長交代して乗り切ったケース等を現実に耳にする。こうしたアクシデントは他人事ではない、と心得ておいたほうがよい。

【当日編】
議長の議事進行

Q46 株主総会の冒頭で、株主から発言があったらどうすればよいですか？

A46 議長は、株主の発言を無視してシナリオを読み続けるべきです。

議長は発言を無視して
シナリオを読み続ける

議長は株主を尊重して
質疑応答をする

1　株主総会冒頭における株主の発言への対応方法

　株主総会の冒頭、株主から発言が出ることがあります。例えば、「議長、質問！」、「議長は不信任。交代せよ！」、「議長、まずこの点について説明を求める！」等です。
　議長は、これらの発言にいちいち反応してはいけません。議長は、株主の発言を一切無視してシナリオを読み続けてください。もし、議長がシナリオを読むのを中断して株主の発言に対応してしまうと、その段階

で議論が紛糾して議事進行が混乱してしまうおそれがあるので、十分注意してください。

2 株主の発言時期の指定（議事進行のルール）

「株主総会冒頭の株主の発言は無視！」だなんて、説明義務違反にならないか、株主軽視ではないか、という疑問を持たれるかもしれませんが、そんなことはありません。

なぜ、株主の発言を無視しても違法とならないのでしょうか。その根拠は、議長の議事整理権（会社法315条）にあります。議長は、議事整理権に基づき、議事進行のルールの1つとして、株主の発言時期を指定（例えば、報告事項の報告及び決議事項の議案の説明の後に指定）することができるのです。その結果、ルール違反の発言は全て不規則発言となります。

また、この議長による株主の発言時期の指定は、総会の手順としては、議長就任宣言、開会宣言の次に行うのがベストです。これによって、株主総会冒頭での株主の発言を全て不規則発言として無視することが可能となるのです。

このように、議長が株主の発言時期を指定することは不規則発言に対して非常に有効なので、シナリオには必ず、開会宣言の次に株主の発言時期を指定するセリフを記載してください。

不規則発言禁止のセリフが逆効果になることも

冒頭段階での株主の発言に対し、議長が「ご静粛に。不規則発言はお止めください」等と対応することも間違いではない。ただし、株主が「不規則発言じゃないぞ！質問だよ、話を聞けよ！」等と反論し、これに対して、さらに議長が対応した挙句に議事が混乱するケースがよくあるのも事実である。このような事態を回避するためにも、議長は、発言を一切無視してシナリオを読み続けるべきである。

【当日 編】
議長の議事進行

Q47 株主総会冒頭で、議事進行ルールの説明をする必要はありますか？

A47 議長は議事整理権に基づく議事進行のルールとして、株主総会冒頭段階で株主の発言時期を指定する必要があります。

○ 議事進行のルールは、議長が株主総会の冒頭で説明する

× 議事進行のルールは、議長が好きなときに説明すればよい

> 議事の秩序を維持するため、株主様のご発言は、監査役の報告、報告事項の報告、決議事項の議案の説明が終了した後にお願い致します

議事進行のルールは冒頭に！

1 議事進行ルールの設定（株主の発言時期の指定）

議長は、議事整理権（会社法315条）に基づき、議事進行のルールとして株主の発言時期を指定することが可能です。理論的には、株主の発言

時期を指定せずに、随時、株主の発言を受け付けて対応することも可能ですが、現実問題として、それでは円滑な議事運営に支障が生じかねません。

そこで、株主総会冒頭の開会宣言直後に、議長が議事進行ルールとして株主の発言時期を指定するのが通例です。この結果、議長の指定した株主発言時期までの間の株主の発言は、全て議事進行ルール違反の不規則発言として扱うことが可能となります。

2　株主の発言時期の指定のセリフ

株主の発言時期の指定は、「議事を円滑に進行するため、株主様からのご質問ご発言等につきましては、監査報告、報告事項の報告、決議事項の上程の後にまとめてお受けしたいと存じますので、ご了解ください」、「議事の秩序を維持するため、株主様のご発言は、監査役の報告、報告事項の報告、決議事項の議案の説明が終了した後にお願い致します」等というセリフにて行います。

これらのセリフは、必ずシナリオに記載してください。また、もしもセリフを言っている間に株主から発言があっても、議長は、一切無視してシナリオを読み続けるべきです。

ワンポイントアドバイス　一括審議方式の採用の場合

一括審議方式を採用する場合、株主発言時期の指定と同様、議長の議事整理権に基づく議事進行のルールとして、議長がその旨説明すれば足りるようにも思われる。

しかし、現実には、議長が「それでは、この後の議事の進行方法についてお諮り致します」等と一括審議方式の採用を議場にはかり、過半数の賛成を得た上で質疑応答に入るのが通例である。そもそも一括審議方式は質疑応答打ち切り後は採決のみを行うという過激な方法なので、念のため、株主の賛成を得ておく必要があるという考えに基づくものである。議事運営に関する動議と考えることも可能である。

【当日 編】
議長の議事進行

Q48 質問者を指名する場合に、注意することは何ですか？

A48 議長は、会場全体をまんべんなく見渡し、株主に不公平感を与えないような順番で指名するよう配慮し、指名する際には、服装や着席位置等でできるだけ株主を特定するよう努力すべきです。

> 今度は会場後方にいらっしゃるグレーのスーツの株主様、お願い致します

> あっ、はい、では、そこの株主様

まんべんなく不公平感を与えないように指名する

つい、声の大きい株主を指名してしまう…

1　質問者を指名する場合の議長の配慮

　質疑応答に入って、複数の株主が発言を求めて挙手をした場合、議長は往々にして、声の大きい株主や目立つ株主を指名しがちです。そして、議場の片隅で静かに手を挙げる株主を見落とすこともあります。
　例えば、声の大きい株主ばかりが指名されて長時間を費やした挙句に質疑打ち切りとなってしまっては、その他の発言希望株主には不満が残ります。企業イメージも悪くなるかもしれません。

議長は、そのようなマイナス効果を避けるためにも、会場全体をまんべんなく見渡して、株主に不公平感の残らないような順番で指名するように配慮すべきです。

2　指名する際の株主特定の方法

　広い会場で多数の株主が挙手した場合、議長が「そこの株主様」等と言っても、誰が指名されたか判然とせず、何人もの株主が自分が指名されたと勘違いし、いっせいに発言しようとして混乱することがあります。

　そのような事態を回避するためにも、議長が株主を指名する際には、「そちらのグレーのスーツの」「右から〇列目、前方の」等と株主の服装や着席位置等で株主を特定して、誰を指名したかがわかるように努める必要があります。

ワンポイントアドバイス

会場係の重要性

　広い会場に多数の株主が出席した株主総会の場合、議長が1人で、会場全体を見渡しまんべんなく、かつ混乱なく株主を特定して指名することは、意外に大変な作業である。議長には、円滑な議事進行を遂行して議案を採決するという重要な役目があるので、質問者の指名に多大な労力を使うことは極力避けたい。そこで、会場係の役割が重要となる。

　会場係は、株主総会当日の会場整理（株主の入退場の案内、議長の議事進行の補助等）を行う。また、議長の目と耳の代わりになって、会場内を見渡して挙手した株主を正確に確認して議長に伝えることも、会場係の重要な仕事である。

　議長は予め会場係がどこに何人配置されているかをメモしておき、会場係の反応を確認しながら指名すれば安心である。そのためにも、議長と会場係との連携を確認するためのリハーサルは必ず行うべきである。

【当日 編】
議長の議事進行

Q49 株主の発言に対して、設けるべきルールはありますか？

A49 「質問する前には出席票番号と名前を発言する」等の質問上のルールを決め、議長はそのルールを確認することに十分注意すべきです。

○ 議長は出席票番号と名前を言うように指示をする

× 発言を遮ってまで出席票番号と名前を求めなくてよい

出席表番号とお名前を仰ってください

株主がいきなり発言を始めたら、指示を出しましょう。

1　質問上のルール

　質疑応答に入る段階で、通常、議長が質疑応答上のルールを設定します。これは、議長の議事整理権（会社法315条）に基づくものです。例

えば「ご発言は挙手をして頂き、議長の私が指名した後、指名された株主様は、出席票番号とお名前を仰ってからご発言ください」とか「ご質問は簡潔に要点だけに絞ってお願いします」とか「最寄りのマイクのところまでお越しいただき、ご質問をお願いします」等のルールを設定することが多いようです。

2　出席票番号と名前

　質問上のルールの中で最も重要なのは、質問時に株主の出席票番号と名前を開示させることです。株主に出席票番号と名前を開示させるのは、発言株主を特定するためです。発言株主の特定は、株主資格の再確認（すでに受付で株主資格を確認しています）の意味を有するとともに、株主総会議事録作成の参考資料として有益です。

　ちなみに、どの株主が何を質問したかは、株主総会議事録の必要的記載事項ではありませんが（会社法318条1項、会社法施行規則72条）、後日の決議取消の訴え（会社法831条1項1号）に備えて議事録に記載した方が妥当な場合もあります。

　したがって、株主が出席票番号と名前を言わずにいきなり質問を始めた場合には、議長は即座に「株主様、大変恐縮ですが、出席票番号とお名前を仰ってください」と言うべきなのです。

株主が出席票番号と名前の開示を拒否した場合

　株主が、プライバシーや個人情報等を理由に出席票番号と名前の開示を拒否する場合がある。発言株主特定のためには出席票番号だけでも知りたいところだが、それすら拒否する株主もいる。その場合、議長は、「株主か否か確認できないので発言を禁止する」という強硬手段を取ることも理論上は可能ではある。しかし、それによって審議が紛糾するリスクを考慮すると、そのまま発言をさせるのが実務的な対応と言えよう。

【当日 編】
議長の議事進行

Q50 回答役は議長がすべきですか？
担当役員にさせるべきですか？

A50 どちらでもよいのですが、議長の負担軽減の観点から、基本的には担当役員に回答役をさせることが合理的です。事前に方針を決めて十分に準備することが最も重要なことです。

基本的には担当役員に回答役をさせることが合理的だ

いかなる場合でも議長が全て回答する

1 回答役の事前決定の必要性

　株主の質問に対して、誰が回答すべきか。議長が、これを議事進行中に一々検討していては議事が遅延し混乱してしまいます。
　誰が回答するかの方針は事前に決めておくべきです。例えば、主として議長が回答するやり方、基本的に議長は回答せずに担当取締役を指名して回答させるやり方等があります。どちらでもよいので、事前に方針を決めておくことが重要です。

2 担当取締役に回答役を任せることの合理性

　議長が回答役として株主の質問に回答するというやり方は、質問数が少なく、質問内容が会社経営の基本的な事柄に関するものである場合には、特に問題はありません。むしろ、社長から直々に回答を得たということで株主も喜ぶでしょう。

　しかし、多数の質問がある場合や質問内容が詳細な業務内容に及ぶ場合にまで、議長が回答役として回答することは、議長に多大な労力を強いることになり、ひいては円滑な議事運営に支障を来すおそれもあります。したがって、基本的には、議長は質問内容の事柄を回答するに相応しい担当役員に回答をさせるべく指名して、議長に指名された担当役員が回答するという方法が、株主総会運営上は合理的と言えます。

　もっとも、会社全体に関わる事柄や経営上の基本方針等は社長である議長自らが回答する方が妥当なので、議長は臨機応変に対応する必要があります。

主たる回答者

　2010年版株主総会白書（旬刊商事法務No.1916、85頁、商事法務研究会）によると、議長と主たる回答者の分担の有無について、否定した会社が回答全体の46.1％、肯定した会社が33.2％となっており、主たる回答者が誰かについては、社長という回答が回答全体の61.5％、質問により分けて回答したという回答が回答全体の32.7％となっている。ただし、資本金が大きな会社程、質問により分けて回答する傾向が強いようである。

【当日 編】
議長の議事進行

Q51 誰に回答させてよいかわからないときは、どうすればよいですか？

A51 議長は、まず、質問内容に関連がありそうな部署の担当役員に回答させ、質問株主の反応次第では、他の者に追加で補足説明をさせるのがよいでしょう。

「それでは、〇〇担当の〇〇取締役より、ご回答申し上げます」

まずは関連がありそうな部署の担当役員を指名する

「誰からの回答をご希望でしょうか？」

誰に回答して欲しいか、質問者に意見を聞く

1 担当役員を回答者に指名する場合の注意点

議長が担当役員を回答者に指名する場合には、質問事項の分野に応じて回答者を誰にするかというルールを事前に決めておくことが重要です。事前にルールを決めておけば、株主の質問に対しスムーズに対応することが可能となります。

2　回答担当者を誰にするか判断に迷う場合

　しかし、現実問題として、誰に回答させたらよいか、議長が迷うような質問が出ることがあります。

(1)質問内容が不明瞭な場合

　この場合は、株主に質問の趣旨を確認すれば足ります。確認後、適当と思われる回答者を指名しましょう。

(2)担当部署が不明な質問

　どの役員を指名すべきか直ちに判定できない質問が出た場合、議長はどうすべきでしょうか。

　もちろん、役員の誰かが自ら積極的に回答者となるべく議長に合図をしたときは問題ありませんが、常にそうなるとは限りません。

　この場合、まず大切なのは、直感でよいので、議長が関連しそうな部署の担当役員を指名することです。ここで議長が迷って立ち往生してしまうと、議事進行の混乱を招きます。

　次に議長は、関連しそうな部署の担当役員を指名したら、当該担当役員の説明に対する株主の反応を見ます。株主が満足すればそれでOKです。もしも満足しない場合は、株主は追加発言をするでしょうから、その発言をヒントに回答適任者を考えて、その者を指名してさらに補足説明をさせれば十分です。

(3)事務局の活用

　瞬時に関連部署が思いつかない等、困惑した場合には、議長自らが直ちに「少々お待ち下さい」と議場に宣言して、堂々と、議長席の背後に控える事務局に相談して解決します。

　事務局に相談することは恥ではなく、議長の議事整理権の一環として当然のことです。

【当日 編】
議長の議事進行

Q52 株主が回答者を指名したら、どうすればよいですか？

A52 議長は、株主の回答者指名発言を無視して、議長の判断で回答者を指名すべきです。

○ 議長の判断で回答者を指名する

× 株主の意見を尊重し、株主が指名した者を回答者とする

1 回答者の指名と議長の議事整理権

株主の質問に対し、誰が回答するかについては、①議長が回答者となる、②議長が担当役員を回答者に指名する等のやり方があります。議長の負担等を考慮すると②のやり方が好ましいことは、すでに述べたとおりです。この議長による回答者の指名は、議長の議事整理権（会社法315条1項）に基づくものであり、適法です。

2 株主の回答者指名発言の拘束力

しかし、株主が質問の際に回答する役員を名指しで指名することもよくあります。この回答者指名発言には拘束力はないと解されています。したがって、議長は議事整理権に基づき、株主の回答者指名発言を無視して、独自の判断で回答担当役員を指名することができます。いえ、

むしろ、議長はそのようにすべきなのです。

3　監査役の場合の特殊性

ただし、株主が監査役を指名してきた場合は少々事情が異なります。監査役はいわゆる独任制機関と言われており、各自単独で権限行使が可能です。それゆえ、特定の監査役の判断に関する質問について、他の監査役が回答することは不適当です。

そこで、株主が特定の監査役の判断に関する質問をして当該監査役を回答者に指名した場合、議長はその監査役を回答者として指名することになります。これは株主の回答者指名発言に従ったようにも見えますが、実は監査役の地位の特殊性に基づき議長が判断した結果にすぎず、株主の回答者指名発言に拘束力が肯定されたわけではありません。堂々とふるまいましょう。

ワンポイントアドバイス

回答者指名発言の拘束力と説明義務との関係

役員には説明義務（会社法314条）が課されているため、株主の回答者指名発言にも拘束されるのではないかとの疑問もある。しかし、そもそも説明義務は、一般的な株主が報告事項を合理的に理解し、決議事項を合理的に判断することができる程度の説明を尽くせば足りると解されており、誰が説明するかは重要ではない。よって、説明義務は、株主の回答者指名発言に拘束力を肯定する根拠とはならないと解されている。

【当日 編】
議長の議事進行

Q53 株主が1回の発言機会に多数の質問をしたら、どうすればよいですか？

A53 議長は、1回の発言機会での質問数は原則1問とするというルールを明確にし、回答者側の混乱を回避すべきです。

○ 1回の発言機会での質問数は原則1問とするルールを明示する

× 株主の意見を尊重し、株主の気が済むまで質問させる

1 質問数のルール設定の必要性

　株主が、1回の発言機会に多数の質問をすることはよくあることです。この場合、株主の気の済むまで発言を許すことは極力避けるべきです。

　1回の発言機会で多数の質問を受けることは、回答者側の混乱を招きかねません（例えば、手控えのメモの内容が不十分になる、質問の趣旨を混同する、想定問答集の用意が混乱する等）。また、1人の株主に長時間の発言機会を与えることは、結果的に他の株主の発言機会や発言時間を奪うことにもなりかねません。

　そこで、議長は株主に対し、質問数のルールを明確にする必要があります。

2　1回1問の原則

　1回の発言機会での質問は、1問に限定するのが理想的です。1回1問ずつとすることによって、回答者側のミスを防止することが可能となり、また、メリハリのある質疑応答ができるので、他の株主にとっても有益です。

　具体的には、議長が「ご質問は1問ずつでお願いします」、「ご質問は1問ずつお伺いします」等と言って、株主を指名する際に質問数のルールを伝えることが重要です。

3　複数質問の場合の対応策

　しかし、議長が1回1問のルールを説明しても、現実には2つ、3つと質問を続けたがる株主がいます。その場合、議長は、株主が2問目の質問に入ったら即座に「株主様、大変恐縮ですが、ご質問は1問ずつでお願いします。最初のご質問は…というご趣旨ですね。これについては担当の○○取締役からご回答申し上げます」等と発言して、株主の発言を一旦中断すべきでしょう。

ワンポイントアドバイス

複数質問を許容すべき場合

　1回1問のルールは、総会屋等の特殊株主対策、クレーマー株主対策としては極めて有効な方法である。しかし、複数の質問が相互に関連しているような場合や、一般株主の素朴な質問が続いた場合には2～3問程度を一括して受ける方がかえって好ましいこともある。臨機応変な対応が望まれる。

【当日 編】
議長の議事進行

Q54 事務局はどのように活用したらよいですか？

A54 議長は円滑な議事進行のために、臨機応変に事務局に相談すべきです。

○ 議長は臨機応変に事務局と相談する

× 議長が事務局に相談するのは控えたほうがよい

困ったら、事務局に相談！

1　事務局体制の必要性

　株主総会当日、議長の議事進行を補助するために、議長席の背後に事務局を設置するという方法が実務上、定着しています。議長が予想外の質問や動議に直面して困惑するケースは、実際によくあります。その場合、もし議長が議事進行手続をミスすると、決議取消事由(会社法831条1項)に該当するおそれがあります。そこで、議長の円滑かつ適正な議事進行を補助するための事務局体制が必要となるのです。

2　事務局の役割

　事務局の役割としては、例えば、①質問時間計測、②質問内容のメモ、③回答者の指定、④想定問答集の検索、⑤議事整理用セリフの提示、⑥動議対応の提示、⑦想定外の質問に対する助言、⑧質疑応答の打ち切りの指示、⑨退場命令の提案等があります。これらの作業のうちのどれを事務局に担当させるかの判断は、各会社の事情により異なります。

　事務局は、随時、積極的に議長にメモを渡し、必要なアドバイスをすべきです。なお、法的判断が必要な場合も多いので、議長席の背後にいる事務局には顧問弁護士を入れるべきです。

3　事務局の活用

　議長は、事務局を手足の如く活用すべきです。少しでも対応に困ったら躊躇せず、直ちに事務局と相談しましょう。その際、「少々お待ち下さい」と株主にむかって堂々と宣言し、事務局と相談後に「お待たせしました。ただ今のご質問については…」と説明を再開すれば、問題ありません。

4　パソコンの活用

　議長や役員の席上にパソコンを配置して事務局との連絡の効率化を図るケースが増えていますが、パソコンの動作トラブルには注意が必要です。当日、パソコンが故障しないよう事前に作動状況を念入りにチェックすることはもちろん、当日の議事進行中にパソコンが故障したときは直ちにメモを活用し、議事の混乱を回避しなくてはなりません。

【当日 編】
議長の議事進行

Q55 回答済みの事項について、別の株主からも質問があった場合どうすればよいですか？

A55 議長は回答済みであるとして、再度の説明を省略しても構いません。

議長は、回答済みを根拠に再度の説明を省略してもよい

議長は、回答済みであっても再度の説明をする義務がある

1 重複質問に対する対応

(1)基本的方針

　質疑応答において、すでに回答済みである質問と同じ内容の質問が、別の株主からなされることがあります。取締役等の説明義務（会社法314条）の観点からは、すでに回答して説明義務を尽くした以上、もはや同じ説明を再度繰り返す必要はないと考えることができます。

　また、実質的に同一事項の繰り返しの場合や、正当な理由がある場合

に該当するとして、説明義務が免除されると考えることもできます(会社法施行規則71条)。したがって、議長は再度の説明を省略して構いません。
(2)具体的なセリフ
　しかし、「すでに回答済みですので、回答は差し控えます」という門前払いのような言い方は、株主に失礼ですし、「冷たい会社だ」等と反感を買うかも知れません。
　そこで、例えば、「ただ今のご質問は……に関するものですが、先程ご回答申し上げましたとおり、……ですので、ご了解ください」とか「ただ今のご質問は……に関するものですが、担当役員の○○が先程ご回答申し上げましたとおりですので、ご了解ください」等と対応する方が好ましいでしょう。

2　株主のタイプ別の対応法
(1)特殊株主、クレーマー株主対策
　特殊株主やクレーマー株主が、回答済みの質問と同じ内容の質問を再度してきた場合は、基本的方針どおり再度の説明を省略すべきでしょう。
(2)一般株主対策
　一般株主にとっては、例えば、会社の業績や株価や配当等に関する事柄は重大関心事であり、すでに他の株主が質問していても、別の観点から聞きたい等と思って同じ事柄について質問することがあります。これは株主の心理として理解できない話ではないので、門前払いするのは少々酷かもしれません。
　このような場合には、議長は、臨機応変に再度、担当役員を指名して回答させてもよいでしょう。こうした場合はかえって、丁寧な対応が好感を持たれるでしょう。

【当日 編】
議長の議事進行

Q56 株主総会運営の時間は、どのくらいが適切ですか？

A56 通常の場合、2時間以内を目安として議事進行すればよいでしょう。

通常は2時間以内を目安にして議事進行する

やっかいな株主対策のためにも、できるだけ短い方がよい

1 短時間株主総会からの方向転換

かつては特殊株主対策として、いわゆる「シャンシャン総会」と呼ばれる短時間株主総会を目指して、社員株主を動員して一気呵成に採決まで持ち込む株主総会運営方法がよく見られました。

しかし、一般株主の出席や発言が増加傾向にあり、「開かれた総会」やIRの観点の重視傾向という昨今の状況も考慮すると、もはや短時間株主総会を目指すという方向性は時代遅れの感があり、株主も違和感を覚えるでしょう。

2 一般株主の発言増加傾向に対する基本的対応方針

現在では原則として、一般株主からの発言に対して丁寧に対応するという方針が望ましい方向性と言えます。したがって、必然的に株主総会

の時間は長くならざるを得ません。

　しかし、それにも限度があります。特に不祥事等の総会紛糾原因があるわけでもないのに、株主が延々と重箱の隅を突くような質問を重ねる場合には、説明義務を尽くした段階で質疑応答を打ち切る必要性、合理性があるでしょう。

3　通常の場合の株主総会運営時間

　これらの諸事情を考えると、通常の場合の株主総会所要時間としては、開会宣言から2時間以内を目安に議事進行すれば十分でしょう。2時間経過後であれば、質疑応答を打ち切っても原則として説明義務違反とはならないものと考えられます。

　ただし、現実の質疑応答の内容如何によっては、2時間経過後といえども、質疑打ち切りによる説明義務違反の問題が生じるおそれがないとは言えないので、議長は、打ち切りの是非について事務局（特に顧問弁護士）の判断を確認する必要があります。

ワンポイントアドバイス

株主総会所要時間の現状と議長の心構え

　2010年版株主総会白書（旬刊商事法務No.1916、83頁、商事法務研究会）によると、株主総会の所要時間は60分超90分以下の会社が最多である（16.4％）。しかし、これは90分経過したら質疑応答を打ち切れ、ということではない。議長の心構えとしては、2時間を目安として議事進行する方が現実的対応として上策であろう。

【当日 編】
議長の議事進行

Q57 動議か意見かわからない発言があったら、どうすればよいですか？

A57 議長は、まず事務局と相談して動議か意見かを確定しますが、場合によっては株主に動議か意見かを確認すべきです。

○ まず事務局と相談し、事務局の提案があれば株主に確認する

× わからない発言は意見として扱ってよい

1 動議か意見か不明な場合

　株主総会に出席する多くの一般株主は、会社法や株主総会の議事手続の素人であり、自己の質問や発言が法的に「動議」に該当するか否かを正確に理解した上で発言するわけではありません。そのため、動議か意

134　第2章　Q&A 役員の株主総会対策チェックポイント66

見か不明瞭な発言が出ることがあります。

　その場合、議長はどちらかに確定して議事を進行せざるを得ません。しかし、動議として扱うべき場合に、間違ってそれを意見として扱ってしまうと、決議取消事由（会社法831条１項）に該当するおそれがあります。そこで、動議か否か曖昧な場合の処理が非常に重要な課題となります。

2　動議か否かの判断の基本的方針

　議長は、迷ったら、まず事務局と相談すべきです。具体的には、「少々お待ち下さい」等と発言して議長席の背後に設けられている事務局に相談し、事務局（特に顧問弁護士）が動議か意見か要確認（株主に動議か意見かの確認をする必要がある）かの意見を述べ、これを参考に議長が議事を再開します。

　要確認の場合には、議長は、「お待たせしました。ただ今の株主様のご発言は、動議でしょうか、ご意見でしょうか」と発言した株主に確認すれば足ります。

　なお、もしも事務局が、株主の発言中に事務局において動議か否かの判断がついた場合には、議長の負担を軽くするためにも、早めに議長にメモを入れるべきでしょう。

ワンポイントアドバイス

動議か意見か不明な場合の高等テクニック

　動議か意見か不明瞭な場合に、議長が「ただ今の株主様のご発言は、……という趣旨の貴重なご意見として承りました。ありがとうございました」等と発言して動議ではなく意見として処理する高等テクニックもある。しかし、この鮮やかなやり方が議長の念頭にあると、このテクニックに引きずられるおそれもある。つまり、動議が明白な場合にも不明瞭なケースと誤解して、結果的に動議を無視する危険性が十分ありうる。決議取消事由の防止という観点からは、不明瞭な場合は必ず株主に確認するという基本方針を貫く方が安全である。

【当日 編】
議長の議事進行

Q58 議事運営に関する手続的な動議が出たら、どうすればよいですか？

A58 議事運営に関する手続的な動議が出たら、議長は、直ちに議場に賛否を確認するべきです。

○ 手続的な動議は、直ちに議場に賛否を確認する

× 動議提出者に提出理由を説明させて理由の是非を審議する

1 議事運営に関する手続的な動議の種類

議事運営に関する手続的な動議には、次のような種類があります。

① 総会提出資料等を調査する者の選任（会社法316条）
② 株主総会の延期又は続行（会社法317条）
③ 会計監査人の出席要求（会社法398条2項）
④ 議長不信任
⑤ 議案の一括審議
⑥ 議案審議の順序の変更
⑦ 質疑や審議の打ち切り
⑧ 休憩

2 議事運営に関する手続的な動議の処理方法

(1)基本的な方針
　議事運営に関する手続的な動議が出たら、議長は、直ちにその賛否を議場に問うべきです。その際、動議提出者に提出理由を説明させる必要はありません。

(2)動議の種類による区別の要否
　議事運営に関する手続的な動議の採否は、原則として、議長の議事整理権(会社法315条)の裁量の範囲内の問題です。ただし、会社法の明文上(上記①②③の動議)あるいは解釈上(上記④の動議)等、必ず議場に確認しなければならない動議もあります。

　しかし、現実には、突然の動議提出に対し、議場に確認する必要性の有無を議長が瞬時に正確に判断することは容易ではありません。そこで、安全を期すため、実務上は議事運営の動議は念のため全て議場に確認するべきでしょう。

3 議決権行使書面の扱い

　議事運営に関する手続的な動議は、株主総会出席株主の議決権数の過半数で決します。その場合、議決権行使書面の議決権数は出席株主数に含みません。

　したがって、動議の採決においては、実務上、委任状の活用や大株主の意向の確認が重要となります。

【当日 編】
議長の議事進行

Q59 議長不信任の動議が出たら、どうすればよいですか？

A59 議長は直ちに議場に賛否を諮り、否決すべきです。

○ 議長不信任動議が出たら、直ちに議場に確認し、否決する

× 議長不信任動議が出たら議長を交代してから議場に確認する

（議長の吹き出し）私が引き続き議長を務めることにご異議ございませんでしょうか？

1 議長不信任動議の処理方法

　議長不信任の動議は、議事運営に関する手続的な動議の1つです。したがって、他の議事運営に関する手続的な動議の処理方法と同様、議長不信任の動議が出されたら、直ちに、その賛否を議場に確認するべきで

す。この場合、動議提出者に提出理由を説明させる必要はありません。また、議長不信任動議を議場に確認する際に、議長を交代する必要もありません。

2　動議を確認する場合の議長のセリフ

(1) 正確な採決セリフの危険性

　議長不信任の動議の賛否について議長が議場に確認する場合、正確に採決するため、「ただ今、議長不信任の動議が提出されましたので、お諮りいたします。賛成の方、挙手をお願いします」等というやり方をすることは、場合によっては採決に時間がかかり手続的に混乱するおそれもあるので避けた方がよいでしょう。

(2) 実務上の主流

　そこで、議長不信任の動議を議場に確認する場合には、実務上は、以下のように、動議反対の議長意見を入れたセリフで処理する方法が主流になっています。このやり方は、他の議事運営に関する手続的動議の場合にも応用することができます。

【例】
　議長「ただ今、株主様から議長不信任の動議が提出されましたが、私は、この動議に反対でございます。私がこのまま引き続き議長を務めることにご異議ございませんでしょうか」
　株主「異議なし（拍手）」（議長は、委任状や大株主の意見に基づき、賛成多数を確認する）
　議長「ありがとうございました。賛成多数により、ただ今の動議は否決されました」

【当日 編】
議長の議事進行

Q60 議案の修正動議が出たら、どうすればよいですか？

A60 議長は、議場に確認した上で、原案と修正動議を合わせて審議、採決する方法で処理するのがよいでしょう。

○ 議場に確認して原案と修正動議を一緒に審議、採決する

× その場で修正動議の賛否を議場に確認する

1 議案の修正動議の許容範囲

　議案の修正動議は、無制限に許容されるわけではありません。例えば、①招集通知に記載のない議題の新規提案や、②招集通知の記載から予見不可能な（原案との同一性を欠く）修正動議等は、株主にとって不意打ちになるので不適法です。

　また、修正動議（議案提案権。会社法304条）が、③法令・定款違反の場合や、④実質的同一議案につき株主総会で総株主の議決権の10分の1以上の賛成を得られなかった日から3年が未経過の場合は許容されません（会社法304条但書）。

　例えば、取締役選任議案を監査役解任議案に変更する修正動議や取締役選任数増員の修正動議は不適法ですが、取締役選任数減員の修正動議や取締役候補者追加の修正動議は可能と解されています。

2　議案の修正動議の処理方法

(1)修正動議の適法性判断

　しかしながら、株主総会当日、議事進行中に突然出された修正動議の適法性如何について、法律の専門家ではない議長が、即座に正確に判断することは容易なことではありません。

　そこで、実務上の対応としては安全策を採り、明らかに不適法な場合を除き、修正動議は全て議場に確認する方針とするのがよいでしょう。

(2)修正動議の議場への諮り方

　修正動議の議場への諮り方には、①その都度、修正動議だけを取り上げて審議、採決する方法と、②原案と合わせて一括して審議した後に原案を先に採決する方法があります（②の場合、原案と論理的に両立しない修正動議は原案可決により自動的に否決となります）。

　実務的には、審議、採決が1回で済む②の方法がよいでしょう。

3　議決権行使書面の扱い

　修正動議の採決にあたり実務上、議決権行使書面は、原案賛成の議決権行使書面は修正動議に反対、原案反対の議決権行使書面は修正動議に棄権として扱われています。

ワンポイントアドバイス

議長の反対意見を入れるセリフの活用

　議長不信任動議の場合と同様、他の議事運営に関する手続的な動議（総会提出資料等の調査する者の選任、会計監査役の出席要求、延期、続行等）の場合も、「私は動議に反対です。ご異議ありませんか」と発言すべきである。

【当日 編】議長の議事進行

Q61 修正動議を原案と一括審議し原案を優先採決したい場合は、具体的にどうすればよいですか？

A61
次の3段階の手順で進めます。
① 修正動議と原案を一括審議して採決する方針を議場に諮って採用
② 原案を先に採決する方針を議場に諮って採用
③ 原案を採決

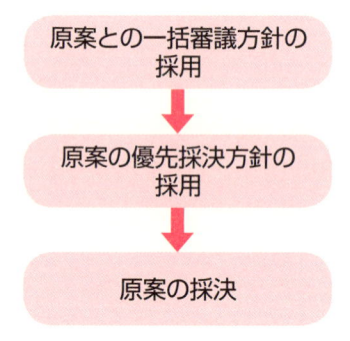

```
原案との一括審議方針の
採用
  ↓
原案の優先採決方針の
採用
  ↓
原案の採決
```

1 修正動議を原案と一括審議し原案を先に採決する具体的手順

　修正動議が出ているものの、原案を優先採決したい場合の修正動議の処理方法としては①原案との一括審議方針の採用、②原案の優先採決方針の採用、③原案の採決、の3段階の手順で行います。

2 原案との一括審議方針の採用（第1段階）

　修正動議が出たら、まず、修正動議を原案と一括審議した後に採決する方針を議場に諮り賛成を得ます。議長は、例えば、「ただ今、株主様から、修正動議が提出されました。この修正動議の取扱いについてお諮り致します。修正動議は、原案と一括して審議をした後に採決を行いたいと存じますが、ご異議ございませんでしょうか」等のセリフを、予めシ

ナリオとして用意しておくと便利です。

3　原案の優先採決方針の採用（第2段階）

次に、採決の場面では、修正動議よりも原案を先に採決する方針を議場に諮り賛成を得ます。例えば、「先ほど、株主様より修正動議が提出されていますが、原案を先に採決することにつき、ご異議ございませんでしょうか」等のセリフをシナリオに入れておくと便利です。

4　原案の採決（第3段階）

その上で、原案の採決を行います。原案が承認可決されると、原案と論理的に両立しない修正動議は自動的に否決されたことになります。そこで実務上は、原案承認可決後に、例えば、「原案が承認可決されましたので、先ほどの修正動議は否決されたものと致します。ご了解ください」等のセリフで修正動議の否決を宣言する必要があります。

ワンポイントアドバイス

原案優先採決方針の採用と、原案採決の区別

原案優先採決方針につき賛成を得た際に、原案の承認可決もあったものとして扱ったため、株主総会決議の瑕疵が問題となったケースがある。前者は議事運営に関する動議の採決、後者は議案の採決である。混同は禁物である。

【当日 編】
議長の議事進行

Q62 取締役選任議案に関する員数増減の修正動議や候補者追加の修正動議は、どのように扱えばよいですか？

A62 実務上は安全策を採り、原則として議長はこれらを動議として取り上げて議場に諮る方針で臨む方がよいでしょう。

〇 取締役選任議案の増員の修正動議は不適法だが、動議として取り上げる

× 員数増減員や候補者追加の修正動議は不適法なので、却下する

1 取締役選任議案に関する員数増減、候補者追加の修正動議

　理論上、取締役選任議案の員数を増員する修正動議は不適法、減員する修正動議や候補者追加の修正動議は適法と解されています。

(1)選任取締役の増員の修正動議

　取締役選任議案に関し、員数を増員する修正動議、例えば、「取締役6名選任の件」という議案に対して、6名を8名に増員せよという修正動議は、要するに、取締役2名選任議案を追加することになります。通常、招集通知の記載から予見可能な範囲を超えるものと言えるので、不適法と解されています。

(2)選任取締役の減員の修正動議

　これに対し、例えば、「取締役6名選任の件」という議案に対して、6名を4名に減員せよという修正動議は、議案の一部否決（議案の縮小）と

同じです。招集通知の記載から予見可能な範囲内と言えるので、適法と解されています。

(3)取締役候補者の追加の修正動議

取締役選任議案の場合、会社が取締役候補者を推薦して総会に諮るのが通例ですが、株主は会社側推薦候補者でない者を候補者として追加推薦する修正動議を提出することができると解されています。

2　実務上の対応

このように理論上は修正動議の適法、不適法の判定は可能ですが、現実問題として株主総会当日、議事進行中に突然出された修正動議の適法性如何を、法律の専門家ではない議長が、即座に正確に判断することは困難です。

そこで、実務上の対応としては安全策を採って、議長は、明らかに不適法な場合を除き、原則として修正動議は全て議場に諮る方針で臨むのがよいでしょう。これにより、適法な修正動議を不適法却下してしまうリスクを回避することができます。

ワンポイントアドバイス

弁護士の事務局への参加状況

2010年版株主総会白書(旬刊商事法務No.1916、102頁、社団法人商事法務研究会)によると、弁護士等法律顧問が議長側(事務局側)に入場した会社は回答全体の79.1％に上る。

【当日 編】
議長の議事進行

Q63 不規則発言を繰り返して議事を乱す株主を、直ちに退場させてよいですか？

A63 原則として議長は、不規則発言等の議事妨害行為を中止しないと退場させる旨の警告を3回以上繰り返し、それでも従わない場合に、退場命令を発すべきです。

〇 退場命令を出すには3回以上の警告が必要だ

✕ 直ちに退場命令を出すことができる

不規則発言はお止めください

指示に従って頂けない場合は退場を命じる場合があります

毅然とした態度で！

1 退場命令と株主の権利

議長は、秩序維持権、議事整理権に基づき(会社法315条1項)、命令に従わない者その他株主総会の秩序を乱す者を退場させることができます(会社法315条2項)。この退場命令は、議事妨害行為(暴力、離席徘徊、罵声、怒号、不規則発言等)をする株主に対する対抗策として非常に有効な手段です。

2 退場命令の具体的手順

(1) 原則的手順(3回以上の警告が必要な場合)

実務上、議長は原則として、議事妨害行為を中止しなければ退場させる旨の警告を3回以上行い、それでも止めない場合に初めて退場命令を出すべきであると解されています。最低警告回数についての条文上の制限はありませんが、退場命令の効果の重大性(株主総会手続からの株主の除外)と円滑公正な議事進行確保の必要性の利益調整の観点から、実務上は3回以上の警告が必要と考えられています。

警告文言として例えば、「そこの株主様。不規則発言はお止めください。もし止めない場合は退場を命じることがあります」とか、「株主様。席にお戻りください。議長の私の指示に従わない場合は退場を命じることがあります」等のセリフをシナリオで準備しておくと便利です。

(2) 例外的手順(無警告の退場命令が許容される場合)

ただし、いきなり役員や他の株主に暴力行為をしたとか、役員席に向かって物を投げつけた等の緊急事態の場合は、例外的に議長は、警告をせずに直ちに退場命令を発することができると解されています。

ワンポイントアドバイス

退場命令の現実的可能性

2010年版株主総会白書(旬刊商事法務No.1916、86頁、商事法務研究会)によると、警告を発した会社が回答全体の0.9%、警告後に退場命令を出した会社が回答全体の0.4%となっている。確かに数値は低いが、万一に備えて退場命令の準備は必要であろう。

【当日 編】
議長の議事進行

Q64 退場命令に従わない株主に対して、どのように対処すべきですか？

A64 議長は、会場係に適切な指示を与えて退場命令を執行すべきですが、場合によっては臨場警察官との連携も必要です。

○ 会場係に適切な指示を与えて株主を退場させる

× 自主的に退場するまで退場命令を続ける

何が退場だ！株主の意見を聞け！

退場命令に従わない株主は、会場係に指示を出し退場命令を執行しましょう。

1 退場命令後の株主の態度

　退場命令に従って株主が自発的に退場すれば、問題はありません。しかし、そもそも退場命令を出さざるを得ない状況というのは、暴力行為や怒号、不規則発言等で議場が混乱して議事進行が困難になった場合

です。そのような場合、退場命令を受けた株主は、興奮や激昂のあまり退場命令に反発して自発的に退場しないことがあります。

2 会場係(警備係)への指示

株主が退場命令に従わず自発的に退場しない場合、議長は、会場係(警備係)に対し、当該株主を退場させるよう適切に指示をする必要があります。例えば、「会場係は、株主を退場させてください」等と明確に指示すべきです。これを受けた会場係は必ず複数名で、株主を誘導、催促して退場させます。その際、株主の身体や衣服を引っ張ったり掴んだり、力ずくで押さえ込んで退場させてはなりません。その会場係の行動が暴力として捉えられ、違法か否かが問題となるからです。

3 臨場警察官との連携

このように会場係の対応には限界があるので、会場係では対応困難なほど株主が暴れて抵抗する場合、議長は、臨場警察官に対応を任せるべきです。ただし、臨場警察官は、犯罪の発生如何を基準として行動するのであって、議長のボディガードではありません。その意味で、臨場警察官は万一の場合の最後の拠り所と考えるべきです。

4 議事中断宣言と議事再開宣言

なお、議長は、退場命令を出した場合、直ちに議事中断を宣言し、その株主が退場した後に、議事再開を宣言することを忘れてはなりません。この手順は、予めシナリオに記載しておくと便利です。

ワンポイントアドバイス

臨場警察官の早期手配

実務上、ほとんどの上場企業が万一に備えて警察官の臨場を手配しているので、特に株主総会集中日に総会開催予定の会社は、早めに臨場警察官の派遣要請をしておく必要がある。

【当日 編】
議長の議事進行

Q65 質疑応答を打ち切るタイミングは、どのようにして判断すればよいですか？

A65 質疑応答の打ち切りのタイミングは、経過時間、質問株主数、質問数、質問内容等を総合的に考慮して判断しますが、議長は、必ず事務局と相談してから打ち切るべきです。

〇 質疑応答の打ち切りは議長と事務局が相談して判断する

× 議長のみの判断で質疑応答を打ち切ってよい

そろそろ打ち切ろうかな

打ち切るときは、事務局と相談すること！

1　質疑応答の打ち切りの可否の判断材料

　質疑応答の打ち切りの可否は、理論上は、取締役等の説明義務（会社法314条）が尽くされたか否かによって決まります。しかし、このような抽象的な基準では、現実の総会場での具体的判断は困難です。そこで、実務上は、経過時間、質問株主数、質問数、質問内容等を総合的に考慮して質疑打ち切りの可否を判断するのが通例です。

2　質疑応答の打ち切りのタイミング

　1つの目安は、株主総会開始後約2時間を経過した頃です。その頃には、多くの株主が発言し終え、質問数も多数に上り、説明義務のある質問は大体出尽くしていると思われるので、原則として、この段階で質疑応答を打ち切っても説明義務違反は問題にならないでしょう。

　しかし、1人の株主が長時間質問をして他の質問希望者が大勢残っている場合や、ちょうど説明義務のある質問が出たばかりの場合には、質疑応答を打ち切るべきではありません。

3　打ち切りの判断者

　では、打ち切りは誰が判断すべきでしょうか。議長が独力で適切に判断することができれば問題はありませんが、現実には困難です。

　そこで、実務上は、事務局や顧問弁護士が、経過時間、質問株主数、質問数、質問内容等を考慮して質疑応答の打ち切りのタイミングを判断します。議長は、質疑応答打ち切り相当と思ったら必ず事務局（顧問弁護士）にその是非を相談し、事務局（顧問弁護士）も、質疑応答打ち切り相当と判断したら直ちに議長にその旨のメモを入れるべきです。

【当日 編】
議長の議事進行

Q66 閉会宣言の際に、議長はどのような点に注意すべきでしょうか？

A66 議長は、全議案の採決の終了後、速やかに閉会宣言をして総会を終了させるべきです。

○ 全議案の採決終了後は速やかに閉会宣言をする

× 全議案の採決終了後でも株主に発言させる

1 閉会宣言の重要性

議長は、全議案の採決が終了した後は、速やかに閉会宣言をすべきです。

例えば、「第○号議案は、原案どおり承認可決されました。(株主の拍手)(役員一同の一礼)それでは、以上をもちまして、本日の株主総会の目的事項はすべて終了いたしましたので、本総会を閉会いたします」等という流れで、議案採決の結果発表から閉会宣言まで一気に述べるのがよいでしょう。

総会手続は、議長の開会宣言に始まり閉会宣言で終了します。たとえ全議案の採決が済んでも、議長が閉会を宣言しない限り総会は終了しません。その間に株主から質問があれば、無視するわけにはいかなくなります。

このような事態を回避するためにも、議長は速やかに閉会宣言をして総会を終了させるべきなのです。

2　閉会宣言後の株主の発言

閉会宣言後に株主から発言が出ることがあります。例えば、「今の採決は違法だ。やり直せ」、「さっきの説明では不十分だ。説明義務違反だからもう一度説明し直せ」等という発言です。

議長が、これに応じて発言した株主を指名して質疑応答を再開してしまうと、閉会宣言が撤回されたものと認定される可能性もあります。したがって、議長は、いったん閉会宣言をしたら、その後の株主の発言は無視して毅然とした態度で総会を終了させるべきです。

ワンポイントアドバイス

質疑打ち切りの方法

　質疑応答の打ち切りは、議長の議事整理権（会社法315条）に基づく場合の他、議事進行上の動議として議場に諮ることもある。

　例えば、「十分審議を尽くしましたので、これで質疑応答を打ち切り、議案の採決に入りたいと存じますが、よろしいでしょうか」等のセリフをシナリオに入れておくと便利である。

第 **3** 章

議長の頻出セリフ集

　議長は、秩序維持権や議事整理権（会社法315条）等に基づき円滑公正な株主総会議事運営を実現します。その際、実務上よく使用される議長のセリフをピックアップしました。シナリオに盛り込む、別紙やカードで整理する等、議長が利用しやすい方法を検討して、株主総会当日、臨機応変に活用することができるように工夫してください。

株主総会開始～進め方や、ルールの設定

1 株主総会スタート

(1) 議長就任宣言

> 当社定款第〇条の定めに基づきまして、私が本総会の議長を務めさせて頂きます。何卒よろしくお願い申し上げます。

(2) 開会宣言

> それでは、ただ今から、株式会社〇〇〇〇第〇〇回定時株主総会を開会致します。

2 進行方法のアナウンス

(1) 質疑応答のタイミングのルール設定

①
> 議事の秩序を保つため、株主の皆様からのご質問、ご発言は、監査報告、報告事項の報告、決議事項の全議案の提案と説明が終わりました後に、一括してお受け致したいと存じます。

②
> 議事を円滑に進行するために、株主様からのご質問、ご発言等につきましては、監査報告、報告事項の報告、決議事項の上程の後にまとめてお受けしたいと存じますので、ご発言はそれまでお待ちいただきますようお願い申し上げます。

(2) 一括審議の動議

①

それでは、この後の議事の進め方についてお諮り致します。まず、株主の皆様から、報告事項及び決議事項に関するご質問、ご発言ならびに動議を含めた審議に関するご発言をお受けして、その後、決議事項について採決のみをさせて頂きたいと存じます。ご異議ございませんでしょうか。

②

それでは、この後の議事の進め方についてお諮り致したいと存じます。まず、はじめに報告事項及び決議事項につきまして動議を含めた一切のご質問をお受け致したいと存じます。それが終了致しました後は、決議事項の採決のみをさせて頂きたいと存じますが、よろしゅうございますでしょうか。

発言の整理・株主対応

1　株主の発言の整理

(1) 株主が出席票番号と名前を言わずに話し始めた場合

> 株主様。ご発言は、出席票番号とお名前を仰ってからお願い致します。

(2) 株主の質問が長い場合

> ご質問は、簡潔にお願い致します。

(3) 株主の質問が長いので打ち切る場合

> 株主様、お１人でご質問を続けていらっしゃいますが、他の株主様からのご質問もお受けしたいと存じますので、ひとまず、ご質問を打ち切らせて頂きます。ご了解ください。

(4) 株主が複数の質問を続けた場合

> ご質問は、１問ずつお願い致します。

(5) 株主の質問をあと１問に制限する場合

> ご質問は、あと１問にお願い致します。

(6)株主の質問をあと1分に制限する場合

> 株主様、ご発言が長くなりましたので、あと1分でまとめてくださるようお願い致します。

(7)株主が重複する質問をした場合

> ただいまのご質問は、先ほどご回答したとおりです。別のご質問をお願い致します。

(8)別の質問がない場合

> 別のご質問がなければ、他の株主様のご質問をお受けしたいと存じます。他の株主様、ご質問はございますか。

(9)株主が抽象的な質問をした場合

①
> 具体的なご質問をお願い致します。

②
> 事実確認ではなく、具体的なご質問をお願い致します。

(10)株主に質問の趣旨を確認する場合

①
> ご質問の趣旨は、どういうことでございますか。

②
> ただいまのご質問の趣旨は、……ということでよろしいでしょうか。

③
> ご質問の趣旨がよくわかりませんので、恐れ入りますが、もう1度、要点を仰って頂けますか。

(11)株主の質問が議案に無関係である場合

①
> 議案に関するご質問をお願い致します。

②
> 会議の目的事項に関するご質問をお願い致します。

(12)株主から回答役員の指名があった場合

①
> 株主様から○○取締役をご指名でございますが、議長の私からご回答申し上げます。

②
> 株主様から○○取締役をご指名でございますが、この件につきましては、担当の△△取締役の方からご回答申し上げます。

2 回答拒否

(1)株主の質問が総会の目的事項に関係しない場合

①
> ただいまのご質問は、本総会の目的事項に関係しませんので、ご回答は差し控えさせて頂きます。

②
> ただいまのご質問は、議案に関係しませんので、ご回答は差し控えさせて頂きます。

(2) 質問の内容が株主の共同の利益を著しく害する場合

> ただいまのご質問は、株主の皆様の共同の利益を著しく害するものと考えますので、ご回答は差し控えさせて頂きます。

(3) 株主の質問が詳細にわたる場合

> ただいまのご質問は、詳細にわたりますので、ご回答は差し控えさせて頂きます。

(4) 株主の質問が個別案件に関する場合

> ただいまのご質問は、個別案件に関する事柄ですので、ご回答は差し控えさせて頂きます。

(5) 株主の質問が企業秘密に関する場合

> ただいまのご質問は、企業秘密に関する事柄ですので、ご回答は差し控えさせて頂きます。

(6) 株主の質問が法律論にわたる場合

> ただいまのご質問は、法律論にわたりますので、ご回答は差し控えさせて頂きます。

(7) 仮定の質問の場合

> ただいまのご質問は、仮定のご質問ですので、ご回答は差し控えさせて頂きます。

(8) 株主の発言を質問としてではなく、意見として聞くに止める場合

①
> ただいまのご発言は、ご意見として伺わせて頂きます。

②
> 株主様、貴重なご意見ありがとうございました。

(9) 株主の質問がすでに回答した事項に関する内容である場合

①
> この点については、先ほどのご回答どおりであり、株主様とは見解の相違であると考えます。

②
> ただいまのご質問に関しましては、すでにご回答申し上げましたとおりですので、説明は差し控えさせて頂きます。

議事進行

(1) 他の質問の有無を確認する場合

> ①
> 他にご質問はございませんか。

> ②
> 貴重なご意見、ありがとうございました。では、他にご質問はございませんか。

(2) 議事進行が議長の権限であることを宣言する場合

> ①
> 議事の進行につきましては、議長の私にお任せください。

> ②
> 議事運営は議長の権限に属します。議長の指示に従って頂きますようお願い致します。

> ③
> このような議事の進め方は、専門家の意見も伺って適法であることを確認しておりますので、問題ありません。

(3) 会場整理が議長の権限であることを宣言する場合

> ①
> 会場の整理につきましては、議長の私にお任せください。

②
　　会場の警備につきましては、議長の私にお任せください。

(4) ビデオ撮影が適法であることを宣言する場合

　　ビデオ撮影は記録作成のために行っております。適法なものですので、ご了解ください。

(5) 議決権算定が議長の権限であることを宣言する場合

　　議決権の算定につきましては、議長の私にお任せください。

(6) 発言・回答の前に事務局に相談する場合

　①
　　少々お待ちください。
　　（事務局と相談）
　　お待たせ致しました。ただ今の点につきましては……

　②
　　ただいまのご質問につきましては、事務局と協議の上、ご回答申し上げます。しばらくお待ちください。
　　（事務局と相談）
　　お待たせ致しました。ただ今の点につきましては……

動議の対応

1 議事進行上の動議の対応

(1) 株主の発言内容が動議提出か否かを確認する場合

> ただいまのご発言は、動議を提出されるというご趣旨でしょうか。

(2) 不適法な動議を却下する場合

> ただいまの動議は不適法ですので、却下致します。

(3) 休憩の動議を否決する場合

> ただいま株主様から、総会の休憩の動議がございました。私としては、その動議に反対でございます。休憩せずにこのまま議事を進めることについて、ご異議ございませんでしょうか。

(4) 議長不信任の動議を否決する場合

> ただいま株主様から、議長不信任の動議がございました。私としては、その動議に反対でございます。このまま私が議長を続けることについて、ご異議ございませんでしょうか。

(5) 株主総会延期の動議を否決する場合

> ただいま株主様から、総会の延期の動議がございました。私としては、その動議に反対でございます。総会を開会し、このまま議事を進めることについて、ご異議ございませんでしょうか。

(6)調査者選任の動議を否決する場合

> ただいま株主様から、総会資料等の調査者の選任の動議がございました。私としては、その動議に反対でございます。調査者を選任しないことについて、ご異議ございませんでしょうか。

(7)会計監査人出席要求の動議を否決する場合

> ただいま株主様から、会計監査人の出席要求の動議がございました。私としては、その動議に反対でございます。会計監査人の出席は求めないとすることについて、ご異議ございませんでしょうか。

2 修正動議の対応

(1)後に原案と一緒に取り扱う方針を議場に諮る場合

> ただいま株主様から、本総会第○号議案「○○○の件」について、……とする旨の修正動議が出されました。この修正動議につきましては、原案と一括して審議の上、後ほど原案の採決の際に合わせてお諮りさせていただきたいと存じますが、ご異議ございませんでしょうか。

(2)原案先議を議場に諮る場合

> 先ほど、株主様から、……とする旨の修正動議がありました。議長と致しましては、原案から先に採決することと致したいと存じます。この進め方でご異議ございませんでしょうか。

不規則発言・退場命令

1 不規則発言への対応

(1) 株主が発言のタイミングを守らない場合

> 株主様。ご質問等は後ほど一括してお受け致しますので、そのときにお願い致します。

(2) 議長の指名を受けていない株主が勝手に発言した場合（ヤジも含む）

> ①
> 株主様。ご静粛にお願い致します。

> ②
> 株主様。不規則発言はお止めください。

> ③
> 株主様。ご発言は、議長の私の指名を受けてからお願い致します。

(3) 議長の指名を受けていない株主が、発言のために席を立ってマイクの方に行った場合

> ①
> 株主様。お席にお戻りください。

> ②
> 株主様。どうぞご着席ください。

2 退場命令

(1) 株主に退場命令を予告する場合

① これ以上、不規則発言を続けられますと、やむを得ずご退場を願うこともあります。

② 議長の許可がないご発言はおやめください。これ以上、ご発言をされますと、退場して頂かなければならなくなります。厳重にご注意申し上げます。

(2) 株主に退場命令を発する場合

① 再三ご警告申し上げましたが、議長の指示に従って頂けませんので、退場を命じます。

② そこの株主様の退場を命じます。

③ 警備担当者（会場係）、そこの株主様を退場させてください。

質疑応答の打ち切り

(1) 質疑応答の打ち切りを予告する場合

①
> ご質問開始から長時間を経過し、株主様から重複するご質問等もありましたので、ご質問はあと１名とさせて頂きたいと存じます。

②
> それでは、これで最後の質問とさせて頂きます。ご質問はございますか。

(2) 質疑応答を打ち切り採決に入る場合

①
> それでは十分審議を尽くしましたので、ここで質疑応答及び審議を打ち切り、議案の採決に移りたいと存じますが、よろしゅうございますか。

②
> それでは十分審議を尽くしましたので、これをもって質疑及び審議を打ち切り、議案の採決に入りたいと存じます。ご異議ございませんでしょうか。

第4章

シナリオのサンプル

　総会の議事進行のやり方には一括審議と個別審議の2パターンがあります。以下に、この2つのパターンのシナリオのサンプルを紹介しますので、各社の実状に応じてアレンジし、ご利用ください。

※　以下のシナリオは、議長の議事進行のセリフをクローズアップすることを主眼としているので、それ以外のセリフは原則として省略しています(事務局の出席株主数等の報告、監査報告、事業報告、議案の説明等)。

※　近時、事業報告等を映像とナレーションを利用して行う会社が増えているので、以下のシナリオでもその方法を採用していることを前提としています。

一括審議の場合のシナリオ

　一括審議は、質疑応答を一括して行うことが特徴です。具体的には、まず報告事項の報告と議案全部の上程をして、次に報告事項と全議案について質疑応答を一括して行い、最後に採決のみを行うやり方です。
　議長は、質疑応答タイム開始前の株主の質問、質疑応答タイム終了後の株主の質問に対応しないように注意しましょう。

1 事務局による定刻の告知

　定刻になりましたので、社長、お願いします。

2 社長が議長席に登壇し挨拶

　株主の皆様。おはようございます。
　私が当社取締役社長の〇〇〇〇でございます。
　株主の皆様方におかれましては、大変お忙しい中、本総会にご出席賜りまして誠にありがとうございます。

3 議長就任宣言

　当社定款第〇条の定めに基づきまして、私が本総会の議長を務めさせて頂きます。何卒よろしくお願い申し上げます。

4 開会宣言

　それでは、ただ今から、株式会社〇〇〇〇第〇〇回定時株主総会を開会致します。

5 欠席取締役の報告

　なお、取締役〇〇〇〇氏は、本日やむを得ない事情により、本総会を欠席いたしております。ご了解賜りますようお願い申し上げます。

6 株主総会目的事項の提出

　本日の総会の目的事項は、お手許の招集ご通知に記載のとおりでございます。

7 質疑応答のタイミングのルール設定

　議事の秩序を保つため、株主の皆様からのご質問、ご発言は、監査報告、報告事項の報告、決議事項の全議案の提案と説明が終わりました後に、一括してお受け致したいと存じます。

8 出席株主数、議決権の個数等の報告

　それではここで、本日ご出席の株主様の数、及びその議決権の個数につきまして、事務局よりご報告申し上げます。
　　　（事務局による出席株主数、議決権個数等の報告）
　以上のとおりでございますので、したがって、本総会における全ての議案の審議に必要な定足数を満たしております。

9 監査報告

　それでは、事業報告等の報告及び議案の審議に先立ちまして、監査報告をさせて頂きます。あわせて、連結計算書類の監査報告もさせていただきます。
　　　（監査役の監査報告）
　　　私は、常勤監査役の○○○○でございます。
　　　当社の監査役会は、第○○期事業年度の取締役の職務の執行に関し、各監査役が作成した監査報告書に基づき協議し監査役会監査報告書を作成いたしました。
　　　その結果につきまして、私からご報告申し上げます。
　　　監査の方法と内容及び結果は、お手許の招集ご通知○ページの監査報告書に記載のとおりでございます。
　　　　　　（中略）
　　　以上、ご報告申し上げます。

10 事業報告、計算書類及び連結計算書類の報告

　それでは次に、第○○期事業報告、計算書類及び連結計算書類についてご報告申し上げます。

　これらにつきましては、お手許の招集ご通知の○ページから○ページまでに記載してあるとおりでございます。

　なお、ご報告にあたりましては、映像とナレーションによって、株主の皆様にわかりやすくご報告申し上げたいと存じますので、正面のスクリーンをご覧頂きたく存じます。

　　（映像およびナレーションによる報告）

　以上、ご報告申し上げました。

11 決議事項の議案の説明

　それでは次に、本総会の決議事項について、第1号議案から第○号議案までの各議案の内容をご説明申し上げます。

　　（各議案の説明）

　以上、ご説明申し上げました。

12 事前質問に対する一括回答

　それではここで、報告事項および決議事項に関し、事前に頂いております質問について、ご説明申し上げます。

　　（一括回答）

　以上、ご説明申し上げました。

13 一括審議の動議

　それでは、この後の議事の進め方についてお諮り致します。

　まず、株主の皆様から、報告事項及び決議事項に関するご質問、ご発言ならびに動議を含めた審議に関するご発言をお受けして、その後、決議事項について採決のみをさせて頂きたいと存じます。

　ご異議ございませんでしょうか。

　　（株主から拍手、「異議なし」「賛成」の声）

　ありがとうございました。

過半数のご賛同を頂きましたので、この方法で行うことといたします。

14 質疑応答

ご発言に際しましては、挙手をしていただき、議長の私が指名致しますので、指名された株主様は最寄りのマイクの位置までお越し頂き、出席票番号とお名前をおっしゃってから、ご発言ください。
また、ご発言は、要点を整理され、簡潔にお願い申し上げます。
それでは、ご質問はございませんでしょうか。
はい、そこの株主様、どうぞ。
（質疑応答）

15-① 質問株主がいない場合の質疑応答の終了

他にご質問はございませんでしょうか。
（10秒くらい様子を見る）
ご質問がないようです。それでは報告事項及び決議事項について十分審議を尽くしましたので、ここで質疑応答及び審議を終了し、議案の採決に入りたいと存じます。
ご異議ございませんでしょうか。

15-② 質問株主がいる場合の質疑応答の打ち切り

それでは十分審議を尽くしましたので、ここで質疑応答及び審議を打ち切り、議案の採決に入りたいと存じます。
ご異議ございませんでしょうか。

16 議案の採決

まず、第1号議案「○○の件」を採決致します。
（各議案の採決）
ありがとうございました。
過半数のご賛成を頂きましたので、本議案は原案どおり承認可決されました。

17 閉会宣言

　以上をもちまして、本日の株主総会の目的事項は、全て終了いたしましたので、本総会はこれをもちまして閉会いたします。
　本日は、ありがとうございました。

18 新任役員の紹介

　それではここで、新任取締役および新任監査役をご紹介申し上げます。
　（新任役員の紹介）

19 退出

　本日は誠にありがとうございました。
　これにて散会といたします。
　株主の皆様の益々のご健勝をお祈り申し上げますとともに、当社に対しまして、より一層のご支援を賜りますよう、何卒よろしくお願い申し上げます。
　（退出）

終　　了

個別審議の場合のシナリオ

　個別審議は、質疑応答をその都度行うことが特徴です。具体的には報告事項の報告、質疑応答、第１号議案の上程、質疑応答、採決というように１つ１つ質疑応答をしながら進めるやり方です。
　議長は、株主総会全体の進行予定時間を念頭に置いて、質疑応答を要領よく処理するよう注意しましょう。

1 事務局による定刻の告知

　定刻になりましたので、社長、お願いします。

2 社長が議長席に登壇し挨拶

　株主の皆様。おはようございます。
　私が、当社取締役社長の◯◯◯◯でございます。
　株主の皆様方におかれましては、大変お忙しい中、本総会にご出席賜りまして誠にありがとうございます。

3 議長就任宣言

　当社定款第◯条の定めに基づきまして、私が本総会の議長を務めさせて頂きます。何卒よろしくお願い申し上げます。

4 開会宣言

　それでは、ただ今から、株式会社◯◯◯◯第◯◯回定時株主総会を開会致します。

5 欠席取締役の報告

　なお、取締役◯◯◯◯は、本日やむを得ない事情により、本総会を欠席いたしております。ご了解賜りますようお願い申し上げます。

6 株主総会目的事項の提出

　本日の総会の目的事項は、お手許の招集ご通知に記載のとおりでございます。

7 議事進行のルール設定

　議事の進行につきましては、報告事項に関する株主の皆様のご質問、ご発言は報告事項の終了後にお受けし、決議事項である各議案に関するご質問、ご発言は、各議案を上程した際にお受け致しますので、それまでお待ち頂きますようお願いいたします。

8 出席株主数、議決権の個数等の報告

　それではここで、本日ご出席の株主様の数、及びその議決権の個数につきまして、事務局よりご報告申し上げます。
　　　（事務局による出席株主数、議決権個数等の報告）
　以上のとおりでございますので、したがって、本総会における全ての議案の審議に必要な定足数を満たしております。

9 監査報告

　それでは、事業報告等の報告及び議案の審議に先立ちまして、監査報告をさせて頂きます。あわせて、連結計算書類の監査報告もさせて頂きます。
　　（監査役の監査報告）
　　　私は、常勤監査役の〇〇〇〇でございます。
　　　当社の監査役会は、第〇〇期事業年度の取締役の職務の執行に関し、各監査役が作成した監査報告書に基づき協議し監査役会監査報告書を作成致しました。
　　　その結果につきまして、私からご報告申し上げます。
　　　監査の方法と内容及び結果は、お手許の招集ご通知〇ページの監査報告書に記載のとおりでございます。
　　　　　　（中略）
　　　以上、ご報告申し上げます。

10 事業報告、計算書類及び連結計算書類の報告

　それでは次に、第○○期事業報告、計算書類及び連結計算書類についてご報告申し上げます。

　これらにつきましては、お手許の招集ご通知の○ページから○ページまでに記載してあるとおりでございます。

　なお、ご報告にあたりましては、映像とナレーションによって、株主の皆様にわかりやすくご報告申し上げたいと存じますので、正面のスクリーンをご覧頂きたく存じます。

　　（映像およびナレーションによる報告）

　以上、ご報告申し上げました。

11 事前質問に対する一括回答

　それではここで、報告事項及び決議事項に関し、事前に頂いております質問についてご説明申し上げます。

　　（一括回答）

　以上、ご説明申し上げました。

12 報告事項に関する質疑応答

　それでは、ただいまから、報告事項に関するご質問、ご発言をお受けしたいと存じます。

　ご発言に際しましては、挙手をして頂き、議長の私が指名致しますので、指名された株主様は最寄りのマイクの位置までお越し頂き、出席票番号とお名前をおっしゃってから、ご発言ください。

　また、ご発言は、要点を整理され、簡潔にお願い申し上げます。

　それでは、ご質問はございませんでしょうか。

　はい、そこの株主様、どうぞ。

13 質問株主がいない場合の報告事項の質疑応答の終了

他にご質問はございませんでしょうか。
　（10秒くらい様子を見る）
ご質問がないようです。
それでは議案の審議に入らせていただきます。
ご異議ございませんでしょうか。

14 第1号議案の上程

それでは第1号議案「〇〇の件」を付議いたします。
　議案の内容につきましては、お手許の招集ご通知の〇ページに記載のとおりでございます。
　（各議案の説明）
以上、ご説明申し上げました。

15 第1号議案の質疑応答

それでは、本議案に関しご質問、ご発言はございませんでしょうか。

16 第1号議案の質疑応答の終了

他にご質問はございませんでしょうか。
　（10秒くらい様子を見る）
ご質問がないようです。
それでは議案の採決に入らせていただきます。

17 第1号議案の採決

第1号議案「〇〇の件」を採決致します。
　（各議案の採決）
ありがとうございました。
　過半数のご賛成を頂きましたので、本議案は原案どおり承認可決されました。

18 第2号議案以降の各議案の上程、質疑応答、採決

　それでは第2号議案「○○の件」を付議いたします。
　　（各議案の上程、質疑応答、採決をくりかえす）
　ありがとうございました。
　過半数のご賛成を頂きましたので、本議案は原案どおり承認可決されました。

19 閉会宣言

　以上をもちまして、本日の株主総会の目的事項は、全て終了いたしましたので、本総会はこれをもちまして閉会いたします。
　本日は、ありがとうございました。

20 新任役員の紹介

　それではここで、新任取締役および新任監査役をご紹介申し上げます。
　　（新任役員の紹介）

21 退出

　本日は誠にありがとうございました。
　これにて散会と致します。
　株主の皆様の益々のご健勝をお祈り申し上げますとともに、当社に対しまして、より一層のご支援を賜りますよう、何卒よろしくお願い申し上げます。
　　（退出）

終　　了

第5章

回答のヒント

　本章では、株主総会当日の質疑応答場面での回答のヒントを挙げます。想定問答集の作成や当日の役員の回答の際の参考にしてください。説明義務があれば説明し、なければ説明拒否という形が原則的回答パターンとなります。しかし実務上は、説明義務がなくても門前払いせずに、できるだけ丁寧に説明する方が望ましいでしょう。ただし、企業秘密やインサイダー情報の暴露、プライバシー侵害等となるような説明はNGです！

1 回答の基本方針の確認(総論)

1　回答の基本方針

> 回答の基本方針　＝　説明義務を尽くす！

【1 説明義務がある場合】

　　ルール1　説明義務がある場合は、必ず説明！

【2 説明義務がない場合】

　　ルール2　説明拒否！
　　ルール3　一般株主対策やIR等を重視して、原則として丁寧に説明するが、企業秘密・インサイダー情報の暴露やプライバシー侵害等となる場合は説明拒否！

回答パターン

［総会屋対策］　＝	**ルール1** ＋ **ルール2**
［一般株主対策］＝	**ルール1** 　＋　 **ルール3**

2　原則的な回答パターン

　役員の回答の基本方針は、要するに、説明義務を果たすこと(説明義務違反をしないこと)という点に尽きます。つまり、説明義務がある場合は説明し(**ルール1**)、説明義務がない場合には説明を拒否する(**ルール2**)ということです。これが原則的な回答パターンとなります。かつて総会屋対策が主流だった頃は、この原則的な回答パターンで株主総会を運営

するのが通常でした。

3　一般株主対策としての回答パターン

　しかし、一般株主対策やIR等の観点を重視する最近の傾向をふまえると、原則的な回答パターンを一歩進めて、説明義務のない場合であっても門前払いで説明拒否することなく、できるだけ丁寧に説明する方が望ましいといえるでしょう。ただし、企業秘密やインサイダー情報の暴露、プライバシー侵害等の問題になるような説明は、絶対にしてはいけません（ ルール3 ）。

　なお、現在でも、原則的な回答パターンが必要な場合（総会屋等の特殊株主対策やクレーマー株主対策等）もあるので、臨機応変に対応することが肝要です。

2 ジャンル別の回答のヒント

1 「株価」に関する質問

【ヒント】

　株価は株主にとって重大関心事なので、株価に関する事項はよく質問されます。通常、株価に関する質問は説明義務のない場合が多いので、原則として **ルール3** の方針で回答してよいでしょう。つまり、一般株主対策やIR等の観点を重視して、できるだけ丁寧に説明することが望まれますが、株価変動に影響するような企業秘密やインサイダー情報を開示してはいけません。

> **ルール3**　一般株主対策やIR等を重視し、原則として丁寧に説明するが、企業秘密・インサイダー情報の暴露やプライバシー侵害等となる場合は説明拒否！

【Good回答例】

① ただいまのご質問は、当社の株価低迷の打開策に関するものですが、ご承知のとおり株価は市場において決まるものです。とはいえ、経営陣一同、企業価値を上昇させるべく、より一層努力する所存でございますので、ご理解賜りますよう、よろしくお願い申し上げます。以上、ご回答申し上げます。

② ただいまのご質問は、当社の株価の低迷に関するものです。ご承知のとおり株価は市場が決めるものですが、リーマンショック以降の日本経済全体の景気悪化の影響もないとは言えません。当社と致しましては、今後も役員一同、全力で経営努力に努め企業価値及び収益性を向上したいと考える所存でございます。今後とも当社に多大なるご支援を賜りますよう、何卒よろしくお願い申し上げます。以上、ご回答申し上げます。

【Bad回答例】

> ただいまのご質問は、当社の株価低迷の打開策に関するご質問です。株主の皆様には大変ご心配をおかけしておりますが、実は、まだ公表してはいませんが、A社との合併の話が進んでおります（近々増資する予定がございます）ので、ご安心ください。

　➡　企業秘密やインサイダー情報の話は、株主共同の利益を著しく害するので絶対に避けてください！株主代表訴訟の可能性もあります！

2　「事業報告」に関する質問

【ヒント】
　事業報告に関する質問は、総会の目的事項に関するものとして説明義務があると解されているので、 ルール1 の方針で回答します。

　　　　　　　　　　　ルール1　説明義務がある場合は、必ず説明！

【Good回答例】

① > ただいまのご質問は、事業報告の記載内容が前年度と異なっているので変更の理由を教えて欲しいとのご質問です。ご指摘の部分については、……によるものです。以上、ご回答申し上げます。

② > ただいまのご質問は、事業報告の中の「資金調達の状況」の欄に記載のあるコミットメントライン契約について、その意味とメリットに関するご質問です。コミットメントライン契約とは、簡単に言うと、事前に決めた融資枠の範囲内でいつでも銀行から融資を受けることができるという契約のことです。コミットメントライン契約は、資金調達の迅速性、機動性等のメリットがあり、当社にとって有益なものと考えております。以上ご回答申し上げます。

【Bad回答例】

> ただいまのご質問は、事業報告の中の「重要な子会社の状況」の欄に記載された子会社に関するものですが、他社のことについては本総会の目的事項ではないので回答は差し控えさせて頂きます。以上ご回答申し上げます。

➡ 重要な子会社に関する事項は説明義務があると解されているので、門前払いして説明拒否すると説明義務違反となります！

3 「役員報酬」に関する質問

【ヒント】

　役員報酬に関する質問は、事業報告の記載事項や取締役選任議案に無関係とは言えないので、原則として説明義務ありと考えて ルール1 の方針で回答します。しかし、役員報酬の個別開示については、原則として説明義務の範囲外であると解されているので、 ルール2 または ルール3 で回答して構いません。

　ただし、役員報酬が1億円以上の役員については、有価証券報告書への個別開示が求められているので（平成22年3月の改正開示府令）、株主総会で個別開示するのが好ましいでしょう。

　　　　　　　　　　　　　　ルール1 　説明義務がある場合は、必ず説明！
　　　　　　　　　　　　　　　　　　　　　　　　ルール2 　説明拒否！
　　ルール3 　一般株主対策やIR等を重視し、原則として丁寧に説明するが、企業秘密・インサイダー情報の暴露やプライバシー侵害等となる場合は説明拒否！

【Good回答例】

① > ただいまのご質問は、事業報告の中の「取締役および監査役の報酬等」欄の記載内容に関するご質問です。当期に支払った取締役の報酬は……です。以上ご回答申し上げます。

② ただいまのご質問は、役員報酬を個別に開示せよとのご質問ですが、プライバシーの問題もあり、役員ごとの個別の報酬額については説明義務の範囲外と解されていますので、回答は差し控えさせて頂きたく、何卒ご理解賜りますようお願い申し上げます。

【Bad回答例】

ただいまのご質問は、取締役の報酬の決定方法に関するご質問ですが、説明義務がないので、回答は差し控えさせて頂きます。

➡ 取締役の報酬の決定方法については説明義務があると解されているので、このような説明拒否は説明義務違反となります！

著者紹介

櫻井 喜久司（さくらい きくじ）
弁護士（第一東京弁護士会所属）

【略歴】
　1956年（昭和31年）生まれ。早稲田大学法学部卒業、平成4年司法試験合格（第47期司法修習生）。上場企業の顧問弁護士や株主総会指導等の企業法務を中心に、倒産法務や遺言相続法務等幅広い分野で活躍し、第一東京弁護士会では総合法律研究所・会社法研究部会（元・副部会長）、倒産法研究部会、遺言信託実務研究部会（元・部会長）等に所属している。株主総会指導等の研修会講師経験豊富。

【著作等】
　『遺言信託の実務』（編集代表・清文社）
　『保全処分の実務　主文例の研究 2008』（共著・ぎょうせい）
　『担当部門別 会社役員の法務必携』（編集代表・清文社）
　『最新 取締役の実務マニュアル』（編集委員・新日本法規）
　『非公開会社のための会社法実務ガイドブック』（編集委員・商事法務）
　『新会社法Ａ２Ｚ 非公開会社の実務』（編集委員・第一法規）
　『こんなときどうする会社役員の責任Ｑ＆Ａ』（共著・第一法規）
　『Ｑ＆Ａ 新会社法の要点』（編集委員・新日本法規）
　『破産の法律相談』（共著・学陽書房）
　『Ｑ＆Ａ 平成15・16年改正商法』（編集代表・新日本法規）
　『Ｑ＆Ａ 平成14年改正商法』（共著・新日本法規）
　『Ｑ＆Ａ 平成13年改正商法』（共著・新日本法規）
　『法的紛争処理の税務』（共著・民事法研究会）
　『不正競争防止法の実務と対策』（共著・日本実業出版社）　他、著作多数

【事務所】
　櫻井・佐久間・新藤法律事務所
　〒104-0061 東京都中央区銀座1-5-2 西勢ビル6階
　TEL. 03-3561-4915 FAX.03-3561-4916

役員のための 株主総会対策の鉄則 ── 重要チェックポイント66 ──

2011年3月4日　発行

著　者　　櫻井　喜久司 ©

発行者　　小泉　定裕

発行所　　株式会社 清文社
　　　　　東京都千代田区内神田1-6-6（MIFビル）
　　　　　〒101-0047　電話 03(6273)7946　FAX03(3518)0299
　　　　　大阪市北区天神橋2丁目北2-6（大和南森町ビル）
　　　　　〒530-0041　電話 06(6135)4050　FAX06(6135)4059
　　　　　URL http://www.skattsei.co.jp/

印刷：大村印刷㈱

■著作権法により無断複写複製は禁止されています。落丁本・乱丁本はお取り替えします。
■本書の内容に関するお問い合わせは編集部までFAX（03-3518-8864）でお願いします。

ISBN978-4-433-54850-6